約翰‧洛克

論後天教育

約翰‧洛克──著

鬮明孚──譯

John Locke

身體健康、品德高尚、待人有禮、學識淵博，英國最著名哲學家的教育思想

體育 ✕ 德育 ✕ 智育
約翰‧洛克教育思想的概括與總結

《教育漫話》是教育理論方面的權威著作，
此書僅在 18 世紀的歐洲就有 50 多個版本出版！

目錄

CONTENTS

導言

PREFACE

　　約翰‧洛克（John Locke，西元 1632 ～ 1704 年），英國著名哲學家、教育家、醫學家，出生於英國薩默塞特郡，畢業於牛津大學，獲文學學士和文學碩士學位，同時他也對自然科學和醫學非常感興趣，曾獲得醫學學士學位。西元 1665 年，洛克進入了英國政界，後為在多位政要、富商家中擔任家庭教師；西元 1682 ～ 1688 年，洛克流亡荷蘭，期間一個親戚向洛克請教應該如何教育子女。於是，兩人開始了長達數年的書信往來。西元 1693 年，在朋友們的建議下，洛克將這些書信整理後進行出版，這就是著名的《教育漫話》，本書與另外一本哲學著作《人類理解論》成為洛克對後世影響最大的兩部著作。

　　在政治、哲學、教育、醫學等方面，洛克均有建樹。在教育上，洛克認為兒童的意識就像一塊「白板」，需要用感覺和經驗進行填充，以此來讓孩子獲得知識和思想。這種否定兒童天生就有「思想」，需要靠後天教育來培養孩子的理論，後來成為歐洲近代啟蒙教育在哲學和教育學方面的顯著特徵。同時，洛克也是真正用應用經驗心理學來建構自己教育體系的教育家，這一體系在他的《教育漫話》中得到了完整的闡述。在這本書中，洛克反對將把教育單純的理解為從書本中獲得知識，他認為教育的目標應該是培養紳士 ── 身體要健康、品德要高尚、待人接物要有禮貌、學識要淵博。

首先，洛克將身體健康放在了第一位，他強調「健全的心智有賴於健康的身體」，學醫的經歷促使他針對當時貴族家庭對孩子嬌生慣養的不良風氣，如在穿衣、洗浴、運動、飲食、睡眠、排便、服用藥物等方面，提出了極為細膩和具體的改善建議。

　　其次是道德教育，在洛克看來，要成為一位紳士，除了身體健康之外，還需要在德行、智慧、教養和學識方面有所建樹。其中，德行包括三層含義，一是要熟練掌握各種處事技巧，精明能幹，富有遠見；二是要懂得禮儀，有禮貌；三是要養成剛毅、堅強、吃苦耐勞的品格。而在道德教育方面，洛克提出了兩個基本原則，一是要訓練孩子用理性來克制自己的欲望，二是從小就對他們進行教育，讓孩子培養一些必須的、良好的性格習慣。

　　在智育教育方面，洛克特別強調，應該讓孩子學習一些實用的學科，培養他們的動手能力和解決實際問題的能力，為此他還提出了一些有意義的建議，如不要強迫孩子學習，盡量啟發和帶動孩子的學習積極性，一次不要讓孩子學太多——從易到難、激發兒童努力學習的動力，最好學會一、兩種手藝，不要讓孩子把寶貴的時間浪費在沒有實際意義的事情上。

　　以上就是洛克在體育、德育、智育三個方面的教育思想的概括和總結，可以說，這些思想至今仍然有著極

PREFACE

為深遠的影響。英國人認為《教育漫話》是教育理論方面的權威著作，而這本書僅在 18 世紀的歐洲就有 50 多個版本出版，其中包括英語、法語、義大利語、德語、荷蘭語、瑞典語等等。

　　本書旨在讓讀者對洛克的教育思想、教育方法有比較詳細的認知和了解，同時也需要去粗取精，因此所選內容多為《教育漫話》一書中系統性、邏輯性較強的內容。由於譯者水準有限，譯文中或有不當之處，敬請讀者指正。

上篇 健康教育

一、健康教育不容忽視

健全的心智有賴於健康的身體。這句話簡潔而充分的道出了人生幸福的真諦。假如身體或者心智兩者之間有一個是不完整的，那麼縱然擁有其他的一切也是徒勞。因此若身體與心智都健全、完整，就不必再有任何其他的奢求。絕大部分的苦難或者幸福，都是由人們自身造成的。心智不健全的人，做事情的途徑不正確；而身體不健全的人，即使做事的途徑是正確的，也沒有辦法獲得任何進展。我承認，一些人所具有的聰慧的心靈與健壯的體格是與生俱來的，他們僅憑藉超人的天賦與體魄，自小就能夠朝著最好的方向發展，他們成就偉大事業的能力是與生俱來的，而且不需要旁人過多的幫助。但這類人畢竟只是少數，我敢說一般人之所以有好壞之分，成功或者失敗，大部分原因都與教育的好壞有關。世界上的人之所以千差萬別，與受到的教育不同是息息相關的。幼年時留下的印象，即使微乎其微、難以察覺，也會為生命帶來持久且深遠的影響；好比江河在源頭時一直都是很溫柔的，僅是需要一點人力，便可以改變其流向，導致整條河流方向產生本質上的變化；所以想要讓河流的方向發生改變，讓它流到更加遙遠的地方，只要在源頭加以引導就可以了。

我認為，孩子的心智容易接受指引，與河流的源頭容易接受指引是一個道理：這確實是教育的重要組成部分，我們所在意的內容也應該是內心，雖然這樣，外在的軀殼同樣也是不容

小覷的。所以，要先從身體是否健康聊起，因為我從前特地鑽研過這個問題，而眾人也都理所當然的認為我深刻的研究了這個問題，所以大家也都猜到我肯定會從這個問題開始說起。

既然我們想擁有事業，獲取幸福，那麼首先不應該擁有一個健康的身體嗎？要想名利雙收、出類拔萃，更是先要擁有可以承受各種艱難困苦的身體條件，理由顯而易見，無需解釋。

二、健康教育的具體內容

（一）嬌生慣養要不得

這裡所說的健康問題，不是醫生應該如何治療身體患病或身體狀況欠佳的兒童；而是說家長對於本來就健康、身體沒病的孩子，在不使用藥物的狀況下，應當如何保證他們的身體，讓他們更加健康。想要說清楚這個問題，只要記住一個簡單的規則 ── 紳士應當像誠實、忠厚、富裕的農民對待自己的兒女一樣。可是，媽媽們大概會感到這麼做有些過於嚴苛 ── 爸爸們又大概認為這樣有些太過容易，所以我要具體解釋一番，在這裡我只談一個人們都容易理解的、顯而易見的情況 ── 大部分孩子因為嬌生慣養而讓身體受到了損害。請媽媽們認真思考一下是不是這樣。

第一件需要重視的事就是：不管冬夏，孩子均不要穿得太

多。在出生時，我們臉部的肌膚，與身體任何部分的皮膚一樣，都是柔弱細嫩的。但是由於天長日久養成的習慣，與另外部分的肌膚比起來，臉部的肌膚顯得更耐風寒一些。曾經有一位雅典人在冰天雪地裡遇見一個赤裸著身體、來自斯基泰帝國的哲學家，雅典人極為驚奇，而哲學家的回答卻發人深省。他說：「你的臉為什麼可以承受住冬天的寒冷呢？」雅典人回覆說：「我的臉已經習慣了冬季的寒冷。」斯基泰人回答道：「我的身體和你的臉部一樣也已經習慣了。」是啊！一旦養成了習慣，無論多麼惡劣的環境，我們的身體都可以承受得住。

我們再舉個典型的例子來說明習慣的力量：我在最近出版的一本遊記上看到——這本書裡寫的是關於酷熱的例子，與之前所說的嚴寒恰恰相反。原文是這樣的：「他說，馬爾他不光比羅馬熱，而且比歐洲任何其他地方都熱，還非常悶，再加上沒有一點涼風，因此更讓人難以忍受。許多人都晒得跟吉普賽人一樣黑；然而馬爾他當地的農民卻很耐熱，每天照常在焦灼的太陽下工作，無論多熱都不躲避。」這證明，很多看似無法做到的事，只要從小養成習慣，就能夠適應。馬爾他人便用這樣的方法鍛鍊了孩子的身體，讓他們能夠適應酷熱，那個地方的孩子從一出生，到 10 歲左右，全都是赤身裸體，衣服褲子一件不穿，頭上也不戴什麼東西。因此我建議大家，無需過於擔心英國的嚴寒天氣。英國也有一部分人，不論冬天夏天都穿著同樣的衣服，他們也並未覺得有何不便，也沒有感覺比其他人冷。就算媽媽擔心孩子凍著，爸爸擔心他人指責，需要考慮風雪嚴寒對孩子的傷害，冬天也一定不要讓孩子穿得太暖

和：特別需要注意的是：孩子生下來就有頭髮遮住頭，又經過了一到兩年的鍛鍊，所以無論他在白天玩耍還是在晚上睡覺的時候都不需要戴帽子；如果腦袋被捂得過於溫暖，反而會引起一些疾病，比如頭痛、咳嗽、發炎、感冒等等。

我這裡所談論的方法主要是針對男孩子的，對於女孩子則不見得全部適用。

（二）用冷水洗腳、沐浴

我還提倡男孩子每天用冷水來洗腳；還要替他做薄一些、透氣一些的鞋子，這樣如果踩到水裡，水就可以透進去。說到這個事情，猜想大多數家庭主婦和家裡的女僕都不能同意我這個看法。主婦會認為這樣會特別不乾淨，女僕則認為需要洗更多的襪子。可是，這種顧慮還沒有孩子的健康重要，這才是更應該重視的真理。試想一下，與那些只要腳沾溼了就會產生各種麻煩的嬌生慣養的人相比，人們會覺得，還是跟窮人家的孩子一起光著腳成長起來更好一些。窮人家的孩子已經習慣了光著腳，所以他們不會因為腳上沾了水而感冒或者患上其他疾病，因為他們腳溼了就像手溼了一樣，已經習慣了。如今有些人的手和腳差異那麼大，還能找出來除了習慣以外的其他原因嗎？好比一個人剛一出生便將兩隻手用布裹著，外面再戴上手套當作「手鞋」，而雙腳卻始終光著，時間長了成了習慣，那麼當他的手溼了之後，他一定會像現在很多人的腳浸溼了一樣會感到煩惱。防範的辦法便是每天堅持替他用冷水洗腳，並且讓他穿很輕易就能透水的鞋子。我之所以沒有規定每天洗腳的

時間，是因為我這裡注重的是冷水洗腳所帶來的健康方面，而不是它所具有的清潔之處。我知道有個孩子從不間斷的天天晚上洗腳，獲得了不錯的成果，即使到了冬天，他也一直堅持。後來有一天晚上，冰冷的水面結了非常厚的一層冰，儘管那孩子當時還不會自己搓腳擦腳，但他還是把腳和腿都浸入了冷水裡面去洗。剛開始，他這樣洗的時候也是哭鬧不已的，看起來時那麼的嬌嫩柔弱。但一旦養成了用冷水洗腳的習慣，就不會像那些腳上不小心沾點水就會生病的嬌生慣養的人一樣了。爸爸媽媽們可以自主選擇替孩子洗腳的時間，只要行之有效，無論早晚我認為都是可以的。使用這個方法可以讓身體變得健康與堅強 —— 就算付出再大的代價也是划得來的。另外，用冷水洗腳還有一個好處，就是可以預防雞眼，這對有些人來講是很不錯的一件事。不過，最好在冬季時開始鍛鍊，一開始使用溫水洗，慢慢降低水的溫度，用不了多久便能夠完全適應冷水了，在這之後無論冬天還是夏天，都要堅持用冷水來洗。在這件事以及其他打破生活慣例的事情上，我們唯有逐漸的悄無聲息的變化，才能讓我們的身體不受任何疾苦和危險的適應一切。

不難想像，對於溺愛孩子的媽媽們來說，用我的這種說法去對待她們嬌嫩弱小的寶貝，跟謀害他們沒有什麼區別。這些都是不對的話。怎能讓孩子把好不容易從冰天雪地裡暖和過來的腳，再放回到冷水中去呢？要想讓這些媽媽消除心中的恐懼，明白這個顯而易見的道理，我還需要再講幾個案例。塞內卡（Seneca）在他的第 5 封信和第 83 封信裡告知我們，自己經

常在冰冷的泉水裡洗澡，即使是在冬季最為寒冷的天氣裡也是如此。塞內卡本人很富有，當然具備洗溫水澡的條件，並且當時他已經很大歲數了，想要舒適些也應該啊！倘若塞內卡不是覺得用冷水洗澡有益健康而且他也能承受得住，他又為什麼會那麼做呢？也許會有人認為，他是出於某種信仰才會這麼做，就算是因為這個原因，但是為什麼用冷水洗澡會對他的健康有益處呢？這是由於他的身體並未沒有因為這個很受罪的習慣而受到任何傷害。賀拉斯（Horace）不信仰任何教派，但他也告訴我們，在冬季的時候他也會用冷水洗澡。可能有些人也會這樣認為，英國的氣候沒有義大利暖和，比義大利更冷，冬天的河水不像義大利的河水那麼溫暖。但是德國的河水比英國的河水更加寒冷，但德國和波蘭的猶太人不管男人還是女人，不管春夏秋冬都會在河裡洗澡，這也沒有絲毫損害到他們的身體。沒人覺得這是什麼值得驚奇的事，也沒有人會覺得聖威尼弗瑞德井有特別之處，能夠讓那裡的冷水不會對沐浴者柔嫩的身體造成損害。如今每個人都懂得，洗冷水澡對於身體虛弱的人重新獲得健康是很有幫助的；那麼對於身體較為健康的人來說，想要鍛鍊和強壯身體，用洗冷水澡的方式也是可行的。

如果有人認為孩子的身體過於嬌嫩，無法像大人一樣承受這樣的鍛鍊，那讓他們來看看以前的德國人和現今的愛爾蘭人是怎樣對待孩子的吧！在他們那裡，即使是最為嬌嫩弱小的嬰兒也是用冷水洗腳和洗澡的，也沒發生什麼危險。在蘇格蘭高地，現在有些媽媽們即使是冬季，也會用冷水替孩子洗腳和洗澡，以此來鍛鍊他們，哪怕是結了冰的水也並沒有造成什麼

危害。

（三）多游泳，多做戶外運動

到了一定的年紀，而且也有人教，便應該讓孩子去學游泳，原本這種事情是不需要由我再說的。很多人正是因為會游泳才救了自己的性命；因此羅馬人像看重文化美育一樣看重游泳。羅馬人有一句諺語用來形容一個人沒有文化且一無是處，便說這個人是讀書寫字不會，游泳也不會。會游泳對健康是很有好處的，因為游泳不單能讓人擁有一種可以應急的技能，而且能夠讓人在炎熱的夏天經常去清涼的水中去洗澡，所以這不需要由我來宣導。但是當一個人運動到全身大汗淋漓、血脈賁張時，就不能立即入水。

另外，多做戶外活動也是對每個人特別是孩子的健康非常有好處的。即使是冬季，也應該盡可能少的去烤火。這樣，他便會將寒冷和炎熱都習慣了，烈日風雨也都習慣了；假如一個人的身體陰晴冷暖都能夠承受，那麼對他的一生是有很大幫助的；想要等到孩子長成大人之後再來培養他，就已經來不及了，習慣是越早養成越好的，而且還要逐步的去培養。如此這般，身體便差不多能夠承受所有的事情了。如果我讓他到有陽光或者有風的位置去玩而不讓他戴帽子，猜想他會說出很多不想去的理由，其實他反對的理由不過就是怕晒。假如一直不讓孩子吹一點風或晒一點太陽，而總將他放在陰涼底下來減少他皮膚所受的損傷，這樣做可以將他養成一個英俊的男子，然而並不能將他教養成為一個有所作為的人。女孩誠然需要多加注

重一下相貌：但是我敢說，戶外活動並不會損傷她們的臉，而且戶外活動做得越多，就越有助於她們的身體健康；女孩子在堅強方面的教育方式與她們的兄弟越為接近，她們所得到的好處便越大。

根據我的了解，戶外運動當中較為危險的事情只有一件，就是孩子亂跑之後，熱了就坐在或者躺在寒冷且溼氣很重的地上。我也覺得是有這樣的危險存在的，而且在孩子們勞動還有運動熱了時喝了涼的飲料，這樣的確能夠讓他們生病，乃至患上重病，或許有的還會病死。然而這樣的危險也是很容易防範的，只要在孩子們小時候隨時隨地有人照看他們。等到孩子們長大一點的時候，要對他們時時刻刻嚴厲約束，禁止他在地上坐著和禁止他在非常熱時去喝涼的飲料，只要養成如此的習慣，縱然沒有人在他的身邊照看，他也同樣可以管好自己。針對這樣的狀況，我只能想到用這樣的辦法解決。由於孩子們在不斷的長大，也需要漸漸給予他們一定的自由，很多的事情他們都需要自己努力，更不會始終有人照顧他們，唯一的辦法就是讓他們養成好的原則以及習慣，這才是最值得重視的方法。所有的勸告和命令，不管如何反覆叮嚀，除非已經養成了習慣，否則是一點用都沒有的。這個道理放之四海而皆準。

（四）衣服不要太緊、太暖和

談到女孩子，又讓我想到一件事情，就是給男孩子穿的衣服一定不能做得過緊，特別要注意的就是衣服的胸口，這一點千萬要牢記。要順其自然，讓孩子的身體發育到最好的狀態，

這比我們對它強制引導要好得多，而且也精準得多，所以要讓「自然」按照它覺得最適合的方式來形成體型。倘若孩子還在肚子裡時，女人們便能夠按照她們的想法來形成孩子的體型——就像孩子出生後她們想盡一切辦法來矯正孩子體型時一樣，那我們便無法生出完美的孩子了。孩子穿的衣服太緊、全身被包裹著，是很難形成俊美的身材的。我認為，假如那些好事者（那些愚昧的護工和還有製作緊身上衣的人就沒有必要說了）能夠考慮到這一點，便不會去干涉他不了解的事了；她們一點也不了解孩子的形體是怎樣形成的，就不應該去抵制「自然」的力量。可是我仍然看見，很多孩子受到的傷害是由於衣著緊繃而造成的，這讓我覺得世界上的確還有除了猴子之外，有些人其實並沒有比猴子聰明多少，因為他們在不知不覺中過於寵溺自己的孩子，最終把孩子毀掉了。

我們時常能夠看到胸部很窄、呼吸急促、肺功能衰弱以及上身佝僂的孩子，這很多都是由於穿著過緊或過小的衣物而造成的。本來想讓孩子長得纖細、清秀、優雅，可是卻害了他們。身體的各個器官沒有按照「自然」的意願去分配營養物質，那麼各個部分便一定不能勻稱的發育。這樣，營養物質就會在肩背或臀部這種衣服沒有那麼緊的地方開始堆積，這些部位便會高於或者大於平常人的尺寸，這又有什麼可奇怪的呢？眾所周知，中國女人的腳很小，是由於她們小的時候身體就遭受嚴格的約束而造成的（我不認為這樣做的結果有什麼美感可言）。前不久我看到一雙小鞋，據了解那是成年的中國女人穿的；他們那裡婦女的腳比我們這邊婦女的腳小得多，那裡的鞋

子連我們這邊的小女孩都穿不了。另外，聽說中國婦女個頭不高，並且也不長壽；不過那裡的男人與別的民族的男人同樣高，而且長壽。中國女性不合理的束腳在一定程度上導致了這種結果的產生，正是原本自由通暢的血液循環由於腳被束縛而受到了阻礙，從而影響了整個身體的正常發育。我們經常可以看到，有的人由於腳上很小一個地方的受傷，導致了整個腿部都得不到營養，最終整條腿都萎縮了。如果對用來維繫生命的心臟基地——胸部施加強大的壓迫，不讓胸部正常起伏伸縮，那這樣做所造成的不良後果是可以想見的。

（五）飲食宜清淡，不可飽食

說到孩子的飲食，我覺得應該清淡一些、簡單一些，當孩子年紀尚小、身體還未發育完全、還要身穿童裝的時候，甚至應該是禁用肉食的，如果一定要把時間更加具體化，那至少在孩子兩、三歲以前，是一定要禁食的。大多數孩子的父母可能會因為自身已經養成多吃肉食的習慣而不會贊同這種做法，並且他們會錯誤的從成年人的角度去定位和思考孩子的需求，認為每天如果不吃上兩頓肉食，就會挨餓，儘管他們可能知道禁食肉食是對孩子的現在以及將來的身體健康都是極為有益的一件事。但是我非常肯定的是，如果兒童可以改變現在已有的飲食習慣，不再像從前那樣，讓溺愛的母親和無知的僕人養成暴飲暴食的習慣，並且可以在三、四歲以前能夠完全不食用肉類，那麼他們的牙齒發育就會順利得多，小的時候免疫力會很高，各種疾病都不會找上他，從而可以為以後健康強壯的體魄

打下扎實的基礎。

如果小孩子一定要食用些肉類的話，那麼最好的方式就是每天只食用一次，每次只食用一種肉。對於所吃的肉也要注意，最理想的是牛肉、羊肉、小牛肉，而且烹調的過程中不要添加任何調味品。孩子如果感到肚子餓，他自然會吃，但是家長們需要格外注意的是，進餐時無論有沒有其他的食物，主食都要以麵包為主；而且只要是有些硬的食物，一定要教他細嚼慢嚥。英國人在這方面給予的關注度通常不夠，由此也產生了許多不良的影響，也引發了消化不良以及其他一些不小的問題。

關於早餐和晚餐，英國人比較習慣食用一些牛奶、卡士達、燕麥粥等少油多營養的食物，而這些食物也同樣也適合於兒童；不過需要格外注意的是；一定要保證食品的來源是健康的，烹調時要清淡，不要添加過多的調味料，而且盡可能少加糖，最好是不加；這裡需要說明一點，在少量可以添加的調味料中也要很好的區分各自的屬性，一些性熱的香料我們應該避免使用；如薑、肉豆蔻、肉桂、丁香以及其他性熱的作料等。除了剛才所說的，還有最重要的一點，那就是鹽的使用，孩子們的所有食物中鹽都是要少量攝入的，一定不要讓他們習慣性的去吃些味道很重的肉食。大人們之所以喜歡吃些滋味重的食品，也都是日積月累、慢慢養成的習慣，但是這並不代表這是一種好習慣；我們都知道，食用過量的鹽，除了會使人感到口渴、一味的飲水以外，對身體也會產生其他不好的影響。我覺得對於小孩子來說，最健康的早餐莫過於吃上一大塊品質上

乘、烘烤合宜的黑麵包，還可以選擇加上一點奶油或乳酪的點綴。我堅信，這樣的早餐跟美味的食物一樣能給人滿足感，並且對健康有益，在使他身體變得強壯的同時，也會讓他愛上這種搭配方式，並且習慣的去食用。如果在兩餐之間仍然還想吃些東西，那麼他們就只有吃乾麵包這一種選擇。假如他真的餓了，麵包也是足夠能填飽肚子的，如果他並不是很餓，那麼吃什麼都是多餘的。

這樣做有兩點好處：一是讓他養成愛吃麵包的習慣。就如同我們成年人一樣，我們喜歡的口味通常也是平常習慣吃的一些東西。二是他不會吃得比正常身體所需要的更多、更複雜。不是每個人的飯量都是一樣的，有的人生來就胃口大，而有的人生來就胃口很小。並且我認為許多人喜歡吃是因為習慣而非天生的好胃口。並且據我了解，一些國家的人每天只吃兩頓飯，還有一些國家的人習慣於每天吃四、五頓飯。儘管存在這兩種不同的飲食方法，但是人們的身體健康卻沒有因為習慣的不同而產生較大的差異。羅馬人一般要等到晚上才進餐。這是由於他們每天只有這一頓飯是固定的，即使是吃早飯，人們的用餐時間也是不固定的，有的人習慣在 8 點吃早飯，有的人習慣 10 點，還有的人在下午的 1 點，甚至還有更晚的，而且他們吃飯時不會吃任何肉類，進餐之前也不需要任何的準備。奧古斯都（Augustus）是當時世界上最出色、最偉大的君王，他曾說過，他在打仗的時候，每天只吃一些乾麵包。塞內卡在第 83 封信中曾經詳述了自己當時的生活狀況，當時他年事已高，生活理應過得非常舒適，但他仍然每天只吃一塊乾麵包，吃的

時候也很隨意，不會那麼正式的坐著吃，儘管現實中他真的很富有，也完全可以跟任何一個富有的英國人一樣過上奢華富裕的生活，吃得更好一點，即使是吃上雙份，他也完全可以負擔得起。世界上有很多偉大的人物都只吃這麼一點，便可以長大成才；而羅馬那些年輕的紳士也並未因為每天只吃一頓飯就覺得身體虛弱或者無精打采。即使偶爾感到飢餓，挺不到固定的就餐時間，也只是吃上幾口乾麵包，最多再佐以葡萄之類的一點點副食。在他們的價值觀裡，這種節制的精神不僅有利於強壯體魄，而且對事業也能產生很好的促進作用。所以，雖然後來羅馬帝國的社會風氣一度變得奢靡而頹廢，但是每天僅吃一餐的習慣卻一直延續下來；雖然當中有些人已經不再是粗茶淡飯、簡單樸素，但是吃飯時間也是不會改變的，堅持著不到傍晚不開始的習慣。他們甚至認為，如果一天吃飯的次數超過了一頓，那簡直是不可想像的，因此一直到凱撒當政時期，如果有人在日落之前宴請賓客或是赴宴的話，依然會受人非議。所以，如果家長們並不認為這是一種對小孩子過於嚴厲的做法，那麼我覺得孩子們的早餐還是只吃麵包為好。習慣的力量是非常強大的。我以為英國人很多疾病就是因為肉類食用得太多、麵包食用得太少。

　　至於用餐的時間，我認為最好不要弄得很準確。因為習慣的力量是強大的，如果他養成了在固定時間吃飯的習慣，他的胃到了在那個時間就會等著食物的光臨，如果沒有食物，胃便會生病；要麼就是胃一下變得特別亢奮，造成暴飲暴食；要麼就是胃突然變得一蹶不振，不想吃飯。所以我並不覺得這樣的

飲食習慣對兒童來說太過刻薄，一個孩子，午餐能夠吃到肉，晚餐能夠喝到肉湯，除此之外，他隨時還可以吃到高級的麵包和啤酒，他又怎麼會挨餓呢？當然更不會由於營養不良而使身體變得虛弱。所以我思考良久，認為這種飲食習慣對兒童來說是最好的。在一天之中，上午是孩子們注意力最集中、最適合學習的時間，吃得太飽會影響精力的集中，乾麵包雖然有著較高的營養價值，但卻不是讓人垂涎欲滴的美食；任何一個家長只要是關心孩子的身心健康，就一定不會願意讓他整天昏昏沉沉的，看上去一副病懨懨的樣子。所以，最好的辦法就是不要讓他在早晨吃下過多的食物。大家也不要錯誤得認為這種飲食方法只適用在家裡環境尚可的人。一個紳士，無論處於多大的年紀，都應該以這樣的方法培養長大，以便將來只要拿起武器，就能成為一名出色的士兵。相反的，那些讓自己的孩子一輩子都靠著祖輩庇蔭衣食無憂的人，他們都不知道總結前人的經驗教訓，也跟不上時代的發展。

在兒童的健康問題上面，水果也是比較難處理、比較棘手的的問題之一。我們應當如何正確的對待水果呢？這不是用任何一條簡單的規則就能夠說清楚的；我不會像有些人一樣，完全否定水果的用處，片面認為水果對於兒童的健康是沒有任何好處的，不願意讓孩子們吃任何種類的水果；這種獨斷的辦法只會使他們更加叛逆、增加食用水果的欲望，一旦看見有水果，就會沒有選擇性的、不分好壞、不分成熟與否、一味亂吃亂用。我以為，兒童只應該有選擇性的避開吃一些不健康的水果，例如甜瓜、桃子和許多種類的梅子和李子，以及英國葡

萄。這些水果味道甜美、非常可口，但是這些水果裡的糖分卻很不利於孩子們的健康。因此，最好避免讓他們注意到這些水果，甚至可以不讓他們知道有這類水果的存在。但是一些完全成熟的草莓、櫻桃、醋栗和覆盆子，我覺得是對兒童沒有害處的。如果在食用的時候注意幾點事項，還可以放心讓他們多食用一些：第一，這些水果不能在飯後吃，因為飯後胃中充斥著其他食物，我認為正確食用水果的時間應該是在吃飯前或者兩餐之間，兒童還應該在早餐時間食用水果。第二，吃水果的時候最好要吃一點麵包。第三，食用的水果一定要是完全成熟的。按照這樣的方法吃水果，我想對孩子們的健康是百益而無一害的。夏季出產的水果是正好適合於夏令時節的，夏季炎熱的天氣通常會讓人食欲不振，吃些當季的水果不但沒有害處，還可以清熱開胃；因此在這一點上我不願意像別人一樣如此嚴格的對待自己的孩子，我認為適量的高品質水果可以使兒童得到胃口上的滿足，如果家長們只看到有些水果對於孩子健康的壞處而一點水果也不給他們食用，那麼一旦他們有機會或能透過其他人品嘗到水果，那時便會連果屑都吃得乾乾淨淨、渣都看不見。還有就是蘋果和梨，只要是完全熟透了，採下之後又存放了一段時間，我想也是可以隨時食用的，對健康沒有什麼害處，特別是蘋果，多吃一些也是沒有關係的；據我所知，在10月分以後採摘下來的蘋果對身體是沒有任何損害的。

還有就是沒有用糖浸泡過的水果乾，我覺得也是對身體有益處的，而那些加工過的糖果蜜餞類的東西最好就不吃了。這類東西對健康有著絕對的威脅，但是對製作者和食用者誰的危

害更大，我們還很難分辨。但是我所確信的是，吃糖果蜜餞通常是虛榮心作祟，也是最不理性的消費方式之一，這些問題就留給女士們去做決定吧。

（六）讓孩子擁有高品質的睡眠

在所有與孩子們有關的事情裡面，只有睡覺是最讓家長放心且不需加以管束的，孩子們可以充分享受睡眠帶給他的舒適體驗，也唯有睡眠可以讓兒童得到身體和心靈上的滿足。睡眠對於兒童健康成長所發揮的積極作用是任何其他東西所無法替代的。而在睡眠這個問題上，也只有一個小部分需要注意，那就是一天二十四小時的時間裡，應該把哪一部分時間用來睡眠。這個問題答案很明確，那就是讓他們養成早起的習慣。早起是對健康有益處的，並且一個人如果從小就可以養成早起不貪睡的習慣，那麼長大之後就必然不會把人生中最寶貴的時光花在床上。為了讓孩子養成早起的習慣，我們要早點叫醒他，為了保持清醒的頭腦，我們要讓他早點休息，而早睡的習慣又可以使他們避免參與那些社會上不健康、不安全的夜間活動；但凡作息時間穩定的人，是很少會因為行為不良的問題而染上重大的身體和心理兩方面的疾病的。但是我們不是絕對否定在孩子們長大成人之後也不可以在晚上的時間與人出門交際，或者否定他們在午夜時還與人喝酒聊天等。我只是在說明，家長們應該從小就讓他們養成這樣一種習慣，讓孩子們從心底不願意參加那些不利於身心健康發展的活動；因為如果養成早睡早起的習慣，那麼徹夜不眠是他們難以忍受的，從而孩子們自己

就會盡量避免參加夜晚裡的各種娛樂活動，由此帶來的好處是不容小覷的。

如果事情不能像我們預期的那樣進行，還是要考慮到各種複雜的關係，比如時尚和社交。那麼為了讓他在 20 歲成人以後也能像別人一樣生活，擁有自己的交友圈和社交，所以在他還不到 20 歲的這段時間內，也要盡量讓他習慣於早睡和早起。

我前面提到過，兒童在比較小的時候可以讓他們多睡一些，甚至是想睡多久就可以睡多久，但是我的意思並不是在他們長大了以後還要一直保持著這種睡眠狀態，那種想睡多久就睡多久，懶洋洋、昏沉沉的賴床習慣絕對要不得。但是我們應該從什麼時候開始正確的限制他們的睡眠時間呢，是從 7 歲還是從 10 歲開始呢，還是其他什麼明確的時間，這真的很難難精確，也很難規定。我們應該綜合考慮到每個人的特質、體質以及身體強健的程度。但是如果到了 7 歲與 14 歲之間他們依然處於貪睡的狀態，我想就需要家長們要採取一些手段了，比如把孩子的睡眠時間逐漸減少到每天 8 個小時左右，因為每天 8 小時的正常睡眠對於健康的成人來說已經足夠休息了。

假如家長們在孩子很小的時候就注意到這個問題，盡到了家長的責任，使孩子養成了每天早起的習慣，那麼在長大後這種貪睡的毛病也是很容易改掉的。大多數的兒童只有在晚上才能和玩伴們聚在一起玩耍，而隨著年齡的不斷增長，睡眠時間自然會漸漸的減少；而且有的小孩子如果沒有大人們的看護，往往會用上午的時間去補足晚上的睡眠的，這也是絕對不允許的。所以每天一早就一定要有人把他們從睡夢中叫醒，不管昨

天晚上到底是幾點入睡也要讓他們按時起床，但是叫醒他們的時候就一定要注意方法了，要小心從事，切忌太急躁，切記不要大吵大鬧，只要是突發性的強大聲響都應避開。因為太大的聲音或者暴躁的脾氣可能會驚嚇到孩子，讓他們幼小的心靈受到傷害，把兒童從甜甜的睡夢中叫醒的時候，聲音一定要輕柔，動作一定要緩慢，讓他們漸漸的、輕輕的醒過來，然後我們再溫柔的跟他們說早安，慢慢讓他們清醒，直到他們完全清醒過來，整理好衣服，那時才是真正的醒過來了。如果我們強硬的把他們從睡夢中叫醒，那麼無論我們用怎麼溫柔的動作，對他們的小身體來說也是一件非常痛苦的事情。此外還得格外注意不要讓他們產生其他不適的感覺，尤其不能讓他們受到更大的驚嚇。

孩子應該睡在硬板床上，並且床上的用品也應該使用純棉質地而不要使用羽絨的。我們都知道睡硬板床是能夠鍛鍊人們強健的體格，反之如果每天晚上都睡在軟綿綿的羽絨被褥裡就不會很好的鍛鍊體魄、常常會導致身體的虛弱甚至短命。結石病的病因常常就源於睡覺使用過於保溫的羽絨被褥。除此之外，還有其他的一些疾病，以及病因是體質虛弱的疾病，其主要原因也是在使用的床上用品羽絨被褥上。再者，在家習慣於睡硬床的人出門在外就不會再因為床鋪過硬或者枕頭不合適而失眠。並且，我建議偶爾可以把枕頭墊得厚實一點，讓孩子的頭睡得高一些，有時再讓他用略矮的枕頭，頭部睡得稍微低點，這樣他就可以習慣於各種突發狀況，以後如果要遇到一些床鋪的變化也不會過於敏感，因為不會有人會永遠睡在自己家

的床上，也不會有人每天幫你把床鋪得整整齊齊。睡眠是「大自然」賦予人的恩賜。因為失眠之人都是痛苦的，一個人如果只能在精緻的金杯裡痛飲，卻不能在木質的粗碗中飲水，那可以說是非常不幸的。如果能夠進入熟睡的狀態，那便是飲到了天使的甘露；至於睡在柔軟的床上還是堅硬的木板，都是無關緊要的。唯一重要的事情就是睡眠。

（七）養成按時排便的好習慣

還有一件事，同樣對健康有著重要的影響，那就是是否按時大便。每天大便次數過多的人很少有敏銳的思維和強健的身體。不過大便過頻可比便祕的毛病容易醫治，一般從飲食和用藥兩方面著手即可，所以無須重點說明。如果情況比較嚴重的話，無論是突發急症或是持續了很長時間，都應當馬上去看醫生；如果症狀尚且不嚴重或者持續的時間還不長，那麼一般來說還是順其自然更好。反之，便祕對身體的害處更大，而且醫治起來也要困難得多。瀉藥看起來能夠減輕症狀、利於通便，但是實際上卻會加重便祕。

便祕這種毛病我也有特殊的理由要單獨對其進行研究。這個問題從書本上根本找不到醫治的方法，所以我只能動起腦筋去解決問題，我相信只要方法科學，步驟合理，便祕是一定可以治好的，就算要讓我們的身體發生特別大的變化，也是值得嘗試的。

第一，我認為，大便是人體內的某些活動造成的一種生理現象，特別是腸胃蠕動。

第二，我認為，有些動作也許是不經意的，但可以透過練習而形成一種習慣，前提是要不停的鍛鍊和保持這些動作。

第三，我曾經觀察過，有很大一部分人在吃完晚飯吸了一支菸之後就必定要去廁所。我懷疑他們之所以會有這樣，更主要的原因還是由於習慣，而並非菸草的作用，就算是菸草起的作用，也不會是因為菸草本身有排便的功效，而是由於吸入菸草刺激腸道產生了激烈運動。如果菸草引起排便、下瀉的效用，那麼它肯定還會對身體產生其他的影響。一旦產生了這樣的想法 —— 大便是可以養成習慣的，那麼接下來我們要思考的問題就是，為了達到這一目的，我們應該做些什麼。

第四，我大膽的猜想，如果一個人在吃完早餐後立刻求助「自然」，強迫自己去排便，那麼經過不斷努力，保持一段時間之後，就一定能養成大便的習慣。

我選擇在早餐之後來排便，是基於以下幾個理由：

第一，因為早晨起床之後胃是空的，此時如果吃下一些願意吃的東西（我一直覺得人只有在需要並且有強烈想吃的欲望時才應該吃東西），胃裡就會發生反應，從而產生強烈的收縮和擠壓消化的反應，我想這種強烈收縮很可能會延伸到腸子，從而增強腸道蠕動，正如腸塞絞痛患者那樣，如果腸道中的某一個部位出現了倒轉，那麼這種病痛很快便會擴展到所有的腸子，並且連帶胃部也會跟著出現不規則的運動。

第二，人們在用餐時通常是不會思考任何問題的，大多處於極度放鬆且鬆弛的狀態，此時人的精神不去發揮作用，從而可以更多的集中在小腹，這樣也可以產生比較好的效果。

第三，因為現實的工作壓力很大，所以人們通常會透過吃飯來舒緩壓力，那麼相應的就餐時間就會增加，一旦有時間可以進餐，就可以有足夠的空餘時間來求助於「排泄女神」，這樣就可以順利排便；而在其他的時間裡，人的精神會被各種瑣事牽絆，很難確定是否會在某一時間點排便，因此這個習慣就可能會被中斷。健康的人可能在進食時間上會有所不同，但是每天至少進食一次的習慣是不會改變的。因此，這樣就可以保持每天大便的習慣。

根據以上提出的這些理論，我們進行了具體的實驗。得出的結論就是，只要每天堅持守住這個規律，不管在什麼時間，也不管是否想要大便，每天只要在首次進餐之後就去廁所努力，盡「自然」之職，那麼任何一個人都會在幾個月之內達到預期的目標，成功養成每天按時大便的習慣，之後除了偶爾疏忽外，每天吃完早餐之後的第一個任務必然是大便；因為不管他們是否有大便的欲望，只有去了廁所，才會覺得自己完成了使命。

在這裡我要勸告所有的家長們，應該讓自己的孩子在每天吃過早餐之後立刻坐在馬桶上大便，要讓孩子自己和照顧他的人都相信，大便與進食都是一樣的，可以完全由他們自己所支配，而不要讓他們持相反的意見。即使是強迫他去做這件事，也要讓他在大便之後才可以去玩遊戲或者再次進食，我相信用不了太長的時間，他便會養成按時大便的習慣。我們也觀察孩子們的各種習慣，他們玩遊戲時通常都是聚精會神的，往往不會在意其他的一些事情，所以常常不會注意到那些「自然動

作」對自己發出的小訊號，於是便會忽略掉它們的及時提醒，時間久了就會慢慢形成習慣性的便祕。而我們所介紹這種方法恰好可以解決這個問題，這並不只是一種簡單的猜測，而是有一個小孩子在一段時間內使用這個方法，透過不間斷的實踐，最終養成了每天早餐之後都會大便的習慣，所以我才會認真向你們介紹它。

成年人是不是也願意用這種辦法排便，還是得由他們自己決定；不過我要說明的是，比起便祕的對身體的諸多害處，我認為大便的通暢是對身體健康最有益處的一件事。24 小時內大便一次，我認為時間上已經非常合理了，我想也不會有人會覺得這樣做太多。採用這種慣性的方法，就可以借助身體自身的自然力量讓自己大便通暢，而對於那些頑固的習慣性便祕來說，透過藥物來治療的效果是不會如此明顯的。

（八）不要隨意給孩子用藥

關於孩子的健康問題，我還有最後一個問題需要打擾你了。大家也許會希望我會給出一些關於使用藥物的建議和指導預防疾病的方案等，對於大家的這種需求，我的確有一個需要認真遵守的建議，那就是絕對不要為了預防某種疾病而給兒童服用任何藥物。我想，大家要是聽從並遵守這個建議，肯定比那些太太們的飲食療法和服用藥物的方法要好得多。

切記！不要隨意使用藥物，否則不但不能夠預防疾病，嚴重的反而會引起一些併發症。也不要過分緊張，不要在兒童稍稍有些身體不舒服的時候，就立即使用藥物或者立刻去請

醫生，尤其是當醫生是一個多事的人時，他會很快在病人的桌子上擺滿各式各樣、瓶瓶罐罐的藥品，恨不得讓病人的胃裡全都是藥品。其實，我覺得與其把孩子的健康交給一個喜歡濫用藥物，或者愚蠢的認為孩子的病只有透過食物以外的東西才能夠治好，並且篤信這種做法的人，還不如放任自然、任其隨意發展更為安全。因為我的理智和經驗都在告訴我，除非是到了最危險的時候，否則兒童的嬌嫩身體我們都應該盡量的少加干涉。有許多現實中的疾病，剛開始時只需要多喝水、靜心休養、少吃肉類，通常就可以治好。反之，如果太快的使用藥物，反而會使病情加重。假如使用這種溫和的療法之後仍然不起作用，我們當然也不能坐以待斃讓病情惡化，可以去請一位思維清醒、行事慎重的醫生。我希望，這一部分建議可以被人所採納。因為這是一個曾經花很長時間研究過醫藥的人所發出的勸告，千萬不要隨意使用藥物，不要隨意請醫生診治——誰都沒理由懷疑！

（九）身體保健的幾條規則

關於人們身體健康的一些問題，我就說這麼多。如果對以上內容進行總結，可以得出下面幾條很容易就能遵守的規則：

1. 多到戶外呼吸新鮮空氣。
2. 堅持運動、保持充足的睡眠。
3. 飲食清淡，不喝酒或烈性飲料。
4. 盡量少用或者不用藥物。

5. 貼身衣物不可過暖、過緊，特別要保持頭部和腳部的涼爽。

6. 雙腳要適應冷水、經常洗腳。

中篇 道德教育

一、道德教育的旨趣及所應遵守的原則

應當注意保養，讓身體變得強壯而充滿活力，這樣就可以讓它能夠服從並且執行大腦下達的指令，如果能夠做到這一點，接下來最關鍵的就是讓精神保持正常，使它在任何情況下都能夠成為一個人理性、高貴、卓越的表現。

（一）重視孩子精神及德行的培養

在本書的開頭我曾經講過，每個人的行為和能力都有著極大的差別，主要是因為他們所受的教育不同，教育的影響遠遠超過了其他任何事物對人們的影響；如果這種說法是正確的，那我們就能夠得出這樣一個結論：應該重視孩子的精神形成階段的教育，並且及時加以修正，這樣會對他們的一生都產生重大影響；一個人的行為端正與否，人們都會歸結於他所接受的教育如何，因此會讚美或者批評他們所接受的教育；而當一個人犯錯時，人們就會指責是他所接受的教育造成的。

就像強壯的體魄主要表現在可以吃苦耐勞，精神上的強健同樣也表現在這一方面。一個人可以形成良好的習慣和優秀的品德，最重要的基礎就是能夠戰勝自己的欲望，能否不依順自己的喜好而只遵從理性的選擇 —— 即使自己的內心偏向另一個選擇。

（二）早期教育的重要性及錯誤教育所帶來的危害

我認為，人們對兒女的教育程度是不及時、不充分的，在兒童時期，人類的精神是最為柔軟、也最容易受到支配的，如果在這個時候沒有教育兒女遵從理智和戒律，那麼在兒女教育這方面就是一個非常大的過失。天性會讓家長們自然而然的愛護自己的孩子，可是如果這種自然的愛脫離了理智的監督，就很容易轉化成溺愛。父母時常會因為有愛孩子的義務而放縱孩子的行為，這是父母的過錯。為人父母者想當然的認為，應該允許孩子們在各類事情上依據他們自己的想法去做，做家長的不應該多加干預；有的父母認為孩子小時候放縱一些沒有什麼危險，也不會做出多大的壞事，更有甚者覺得任性是孩子的天性，很合乎常理，從而鼓勵和縱容他們。不過，針對那些溺愛孩子並且一直原諒孩子的惡作劇而不去糾正的父母，梭倫的回答正好適用：「是的，不過習慣可不是一件小事啊。」

在父母親溺愛中長大的孩子，必然容易打罵別人，他想要得到的東西也必然能夠透過哭鬧的方式得到，他想要做的事情也一定要去做。孩子的本性就這樣被父母在他們年幼時透過縱容和鼓勵的方式給敗壞了，家長們一點一點汙染了孩子們清澈的泉源，怎麼當孩子長大時嘗到苦水了而又覺得奇怪呢？孩子一點點長大，這些行為也隨著孩子的成長慢慢形成了不好的習慣；而到了這時，他們卻不再是可以逗著玩的小孩子了，父母也不能再把孩子作為玩物了。這時他們便將孩子的任性推到孩子自己頭上，埋怨他們不成才；此時家長們再想糾正孩子身

上那些讓他們感到生氣和苦惱的惡習已然來不及了，因為這些雜草一般的壞毛病早已根深蒂固，很難去除。在孩子小時候，便已經習慣於按照自己的意願來做事，那麼當他長大後，仍舊想要讓一切按照自己的意願來，這沒什麼值得大驚小怪的呀？沒錯，孩子的缺點會跟隨年歲的增加而顯露得越發明顯，那時大部分的父母幾乎都能夠意識到孩子的缺點，很少有父母會麻木到連這樣的惡果都無法覺察到。在孩子還沒有學會說話和走路之前，便已經學會了如何支使家裡的僕人；能夠開口學說話時，便開始支使起自己的父母；那為什麼等他長大後，變得比小時候更加強壯和聰明了，卻忽然要受到約束了呢？為什麼父母長久以來所給予孩子的大量優待，必須要在他 8 歲、16 歲或者是 20 歲之時失去呢？你可以看看小狗、小馬或者任意一個動物，看牠們是否能夠輕易改掉在年幼時期養成的壞毛病，況且牠們在驕傲任性和控制欲方面，連人類的一半都無法達到！

　　在飼養動物方面，我們一般都是比較聰明的，我們會在狗、馬或者是其他對我們有用的動物還非常幼小的時候，便開始適時的對其加以訓練。但在這一方面，我們卻忽略了自己的後代；我們自己把孩子培養得頑劣不堪，卻愚昧的盼著他們出人頭地。倘若為了不讓孩子哭鬧或者不開心，就隨他們的意給他們吃葡萄或者糖塊；那為什麼等他長大後想要花天酒地，就不能如願以償呢？若是孩子透過哭鬧的方式所獲得的東西正是他們所喜好的，那麼花天酒地也符合成年人的欲望。人的喜好和欲望會隨著年齡的變化而產生不同改變，這本身並無過錯；而不能按照理性的規則來制約這些欲望才是錯誤的地方；這之

中的差別不是在於欲望的本身，而是在於自己的欲望是否能被抑制住。一個人從小就由著自己的性子做事，不習慣服從他人的理性，等到了可以運用自己理性的年紀，他也不會聽從自己的理性的。不難想像，這種孩子長大會成為什麼樣的人。

　　上述情況最容易被那些表面看來特別重視兒童教育的人所忽視。看看正常人對孩子的教育，想想他們被世人所斥責的玩世不恭，那我們完全可以懷疑，當中是否還存有德行的足跡。我特別想要知道，孩子的爸爸媽媽和孩子身邊的人為什麼在孩子剛剛可以接受邪惡之時，就用邪惡汙染了孩子，在他們的身上埋下邪惡的種子？我在這裡所強調的，不是家長們為孩子樹立的榜樣和行為模式，那些頂多可以被看作是鼓勵的一種；而家長們將邪惡教給了孩子，讓孩子脫離了道德品行的軌道，才是我所關注的。在孩子小得還不會走路時，他們便將凶殘、狂暴和怨恨教給了孩子。「拿根棒子給我，我去打他」，是許多孩子幾乎天天能聽到的話，人們都不把這些當回事，認為孩子惹不出什麼麻煩，因為他們還小，手沒有多大力量。那麼我想要問一問，這樣的教導真的不會使他們的精神受到汙染嗎？真的可以避免讓他們走上蠻橫和殘暴的道路嗎？倘若在孩子幼年的時候就因教唆從而學會傷害別人，以傷害別人而感到快樂，那麼當孩子長大成人之後，認為自己擁有了力量可以為了達到某種目的而去傷害別人時，難道他們就不會去傷害別人了？我們原本是因為遮羞、禦寒和防護而穿衣的，但是有些愚昧無知的父母讓孩子認為服裝還有另外的用途，從而讓衣服變成愛慕虛榮和爭強好勝的道具。孩子從小所接受這種方式的教育，他們

會期盼擁有一件新的衣服來使自己變得更加美麗；假如小女孩的媽媽不在她穿戴了新買的衣帽後，誇讚她幾句「小皇后」或者「小公主」，並教她如何讚美她自己，那怎麼行呢？孩子在還不會獨立穿衣服的時候，就已經懂得了誇讚自己的服飾。孩子在這麼幼小的時期便開始接受父母親的這種教育，那麼當孩子長大以後對裁縫替他們製作的服裝品頭論足就不可以了呢？還有，當老師或當父母的經常教育鼓舞學生和子女去說那些對自己有利的謊言、模糊的言辭乃至各式各樣的理由和藉口。當年輕人發現，只要對待虔誠的老師有好處，就算歪曲事實也可以受到表揚，那麼只要扭曲事實就可以獲得對自己最有利的回報，難道孩子就不會知道為了讓自己獲利而對此進行利用嗎？家庭貧困的社會底層的人，沒有條件用食物來誘導自己的孩子，也沒有條件讓孩子吃得過多、喝得過多；但是每每到了充裕一些的時候，他們的行為就會樹立起低劣的榜樣，顯示他們平常之所以沒有過分吃喝，並不是討厭大吃大喝，而是由於他們的家境窮困潦倒所致。然而，假如去看那些比較富裕的家庭，吃喝是其生活中的大事且是幸福的泉源，如果孩子不能享受到這一點，就會覺得自己受了歧視。縱然已經吃飽了，他們依舊會使用肉菜、羹湯以及各式各樣製作精緻的食物來吸引自己的味蕾，繼而又會用擔心腸胃有負擔這種藉口，去喝些酒來促進腸胃的消化，雖然這麼做除了可以增加積食之外，並沒有其他的任何作用。我的寶貝是有什麼不舒服嗎？那麼接下來的首個問題就會是，「寶貝，你想吃些什麼呢？需要我替你拿點什麼好吃的？」然後好吃好喝的食物立刻送到孩子的嘴裡；事

實上，疾病在剛剛發生之時，身體的本能就聰明的讓患者失去了食欲，這主要就是為了防止病情的加重，然而人們非要想辦法去做些過於香甜的食物，來增加食欲，那時腸胃假如不再接受新的食物，不再承受之前消化的任務，它就能夠休息，就可以戰勝剛剛生出了苗頭的疾病。有些孩子是非常幸福的，因為父母給予了他們理智的照料，讓孩子不會只喜歡吃山珍海味，也會安於家常便飯，可是孩子的精神難免不會受到糜爛風氣的荼毒；儘管在父母理智的教育之下，孩子身體的健康大概可以獲得保護，然而因為在任何地方都可以聽到吃好、喝好這樣的話，孩子的欲望難免會因此而屈服。如果所有人都宣揚「要吃好」，那麼人的本能欲望肯定會受到刺激，讓其快速的喜愛上美味佳餚。因此，所有人，甚至那些指責作惡之人的人，都會把「要吃好」視為「生活好」的一方面。如此的社會風氣，即使具有威嚴的理性，但是又能夠提出什麼不贊同的意見呢？社會菁英這般推行「要吃好」，那麼說它是一種奢華的行為恐怕也不會有人去聽。吃喝無度這種惡行如今已經成為一種風氣，支持者眾多，真是不清楚它是否會獲取德行的美譽；此時假如不贊同吃喝無度，不知道是否會被當成白痴，或者讓人覺得不明白如何立身處世？說句實話，我期望，假如當父母的人可以看見，他們不隻身處於各式各樣的誘惑，而且隨時隨地都要面對各式各樣罪惡的教導，縱然在他們覺得安全的地方也是如此。那麼在此，我所講的一切大概能夠在教導孩子的問題上面引起他們的關注與戒備，否則大家或許就會指責我，說 —— 你這是在嘲諷人。對於這個問題我並未打算多講什麼，至於人們消

耗精力並毀壞孩子、向孩子灌注毫無道德行為與原則的所有細節，我也不想多講，可是我希望凡是做父母的人都要仔細認真的思考一下，孩子在不經意之中受到什麼毫無道德的教導，假如父母是理智且有責任心之人，是不是應該改變一下孩子的教育方法。

（三）培養孩子用理性克制欲望的能力

我覺得，這件事不言而喻，所有讓德行變得優良的原則都可以歸結於一點：克服理智所不容許存在的欲望。要獲得並持續改進這樣的克制力，還是要依靠習慣，而要輕鬆運用這種能力，則要依靠大量的實踐。假如大家願意聽取我的看法，那麼我要告誡大家，這和一般我們所理解的是不一樣的，孩子應該從出生之後不久就開始練習克服自身的欲望，而不應早早就產生各方面的欲望。孩子應該明白一點，之所以獲得某個物品，是由於這個物品適合他們，而不是這個物品可以讓他們感到開心快樂。如果某個物品適合孩子就給孩子，而從來都不是由於孩子的哭泣與乞求而讓孩子獲得任何物品，那麼孩子就不會無事生非，也不會大哭大喊與糾纏不止，非要獲得想要得到的物品，也絕對不會讓自己與別人都不得安寧，這是由於從最開始的時候他們就沒有被如此對待過。如果孩子從來沒有吵吵鬧鬧的讓自身的渴望獲得滿足，那麼孩子也就不會大哭大喊著去懇求什麼，就像孩子不會大哭大喊著要月亮一樣。

我的觀點並非讓孩子忘情於所有物品，也並不要求孩子的言行舉止都像議員那樣具有理性。我十分清楚孩子就是孩

子，應該以溫柔待之，應當玩遊戲和玩具。我的觀點是，孩子想要得到的物品或者想做的事情，假如不適合孩子，那麼就不應該由於孩子年紀小就應允他們；不管孩子怎樣哭鬧，都不應該應允，正是由於孩子的哭鬧和糾纏，所以更加不應該讓孩子得到。我看見有些孩子，在用餐的時候，不管餐桌上面放了什麼東西也不會想要，而僅僅是要滿足於自身的那份；然而在另外的地方，我看見其他的孩子看到什麼就大哭大喊的要什麼，所有的菜都一定要先拿給他才可以。造成這種差別的原因是什麼呢？只是由於後者習慣使用大哭大喊的做法去獲得想要的物品，然而前者則沒有這樣的習慣。我覺得，孩子的年齡越小，就越不應該順從孩子任性妄為的要求；孩子越缺少理智，就越應該接受嚴厲的管教，並給予管教者絕對權力去約束孩子。所以，只有小心理智的人才能夠與孩子接觸。假如通行的方法與此截然不同，那麼我也無能為力。我所講的是我覺得應該推行的做法，如果這樣的做法早就已經通行，那麼也就不用在此討論這個問題了。但是我堅信，在這個問題上，肯定有人同意我的看法，即越早對孩子實行這樣的教導，孩子和管教者越會覺得輕鬆快樂，人們應當將此做法作為不可違反的規則來遵從。不管何種物品，只要是在拒絕給予孩子以後，就絕對不可以由於哭泣與乞求再次給予孩子，除非是故意想讓孩子變成一個毫無耐心與令人厭惡的人。

（四）及早進行教育的重要性、父母和孩子的關係

所以，但凡有心去教導孩子的人都應當在孩子的幼兒時期

就開始加以教導，讓孩子絕對順從父母的意願。如果你期望自己的孩子在度過幼兒時期後依舊遵從你，那麼就必須在孩子剛剛明白什麼是服從的時候，了解自己應該聽誰的話，並在此時將作為父母的威信建立起來。如果你期望孩子能夠敬重你，那麼應當該在他還是嬰兒的時候就敬重你；而隨著孩子年紀的增長，則應該慢慢的和孩子親近；這樣的話，就能夠讓孩子在小的時候變成服從的臣僕，在長大以後就會變成與自己親密無間的朋友。我覺得，很多人在對待孩子的時候所使用的方法是極其錯誤的，在孩子幼小的時候縱容親狎，孩子長大以後卻對其疾言厲色，不再和孩子親近。自由自在和縱容對於孩子來講確實毫無任何好處，這是由於孩子缺少判斷的能力，所以需要進行約束教導，相反，成年人有理智，再用獨裁和嚴苛來對待他們就顯得非常不合適了；除非你故意想讓孩子長大以後討厭你並期望孩子在心裡想著：「爸爸，你到底何時才能死呢？」

我認為，所有人都會覺得這樣的觀點是合理得當的：在孩子小時候，應該將父母當作君王與真正的領導者，對他們敬中帶畏；而在孩子長大以後，則應該將父母當作最牢靠且唯一直言不諱的朋友，對他們敬中帶愛。如果我是正確的，那麼我之前所講述的辦法將是唯一能夠實現這個目標的途徑。孩子長大成人以後，我們一定要把孩子視為與我們本身相同的人，和我們具有相同的感情和渴望。我們期望自己能被看成是有理智的人，期望擁有屬於自己的自由，我們不願意隨時隨地遭人指責與白眼，也無法接受交往對象的嘲諷與淡漠。任何一個成年人假如遭遇如此對待，都將尋找其他的夥伴、朋友以及談話對

象，以獲得輕鬆快樂。如果孩子在最開始的時候就接受嚴厲的教導，那麼孩子在幼兒時期就會和善聽話，平和的順從教導，這是由於在那個時候除此之外孩子不清楚還有什麼其他的做法。隨著年紀的增長，孩子慢慢可以運用理智，嚴厲的教導也會根據他們應當受到的對待而慢慢變鬆，父母的臉色會更加和藹可親，父母與孩子之間的距離在慢慢減少，那麼父母之前的教導反而會促進孩子對於父母的愛，這是由於孩子此時已經明白，這樣的教導是父母對他們的關懷與愛惜，是為了讓他們變得值得擁有父母的關懷以及別人的尊敬。

　　對於怎樣在孩子的心目當中建立父母威嚴的原則，我只講到這裡。父母在孩子心目中的威嚴，在最開始的時候應當借助畏懼與敬重將其樹立起來，然而隨著孩子漸漸長大，就要運用愛與友誼來保持這種威嚴。因為終有一天，棍棒教導與懲戒將會失去作用，可是到了那時，假如你的愛不足以讓孩子孝順於你，假如喜愛德行與重視名譽的心理不足以讓孩子走上一條光明的大路，那麼此時我就要問一下，你還能有什麼其他方法去約束孩子呢？當然，因為擔心不能獲得你的喜歡從而會少得遺產這個辦法，可能會讓孩子變成你財產的奴隸，然而孩子在私底下依舊是罪惡的，而且這樣的約束並不會維持很長時間。所有的人終有一天要完全依靠自己以及自身的行為舉止；　個人具有的和善、能力以及良好的德行都一定是由內而外養成的。因此，孩子一定要儘早接受應該接受的教導，儘早讓孩子養成

可以讓其受益終身的品性；這樣的品性是深入於他的本能當中的習性，並不是因為擔心繼承權會被剝奪而一時假裝出來的。

二、道德教育的具體內容

（一）管教孩子的方式與措施

按常理來講，規則一旦制定，就要去研究更加詳細的管教方式。因為我再三強調，對孩子要嚴加管教，大概會有人覺得，我並未對孩子年紀尚小、身體尚弱這兩個因素進行充分考慮，以便給予他們應有的照顧。但是我接下來這些話，會把這個誤會解除。我的觀點是這樣的，在教育中過於嚴厲的懲罰方法是沒有任何作用的，相反還會導致很大的傷害；而且我始終認為，並透過事實驗證，最終變成最成功的人的絕不是之前受到最嚴格懲罰的孩子。到現在為止，我所提倡的是，不管管教的方法多麼嚴厲，在孩子年紀不大的時候可以多加應用，如果運用得當並獲得了不錯的成效，那麼此時就應該採用較為溫和的管教方式。

假如父母能夠在孩子懂事之前，憑藉自身鍥而不捨的精神讓自己孩子的意志變得平易近人，那麼就會使其形成一種自然的習慣，這就不會造成孩子的抗拒與埋怨。值得注意的是，這種方式的管教一定要早早進行，而且絕不允許有絲毫的動搖，

直到孩子擁有了敬畏的心理，在孝順父母方面沒有絲毫的勉強之處。具有這種敬畏之心（一定要於早期進行培養，不然的話，想在長大之後培養這種敬畏之心是非常耗費精力的，有時甚至還需要透過體罰這樣的方式，耽誤時間越長，往後就越不容易培養）後，孩子也不會過於任性，等孩子長大懂事以後，就可以憑藉敬畏之心對其進行管束，而不必使用到一些會讓人覺得受屈辱的懲罰方法，例如：責罵、鞭撻等等。

　　思考一下，到底什麼才是教育的真正目的，什麼是教育的關鍵之處，人們可以很容易從這種思考中獲得一些感悟、懂得一些道理。第一，但凡是無法控制自身喜好、無法抗拒自身喜怒哀樂、無法聽從理智告誡之人，是不可能具備德行與勤勉的真正原則，更有可能陷入一無是處、一無所能的危險。自制是一種優秀的特質，他與人與生俱來的本能恰好背道而馳，所以必須要在早期養成這樣的特質；而且自我控制的特質也是將來能力與幸福真正的根基，一定要早早的將這種特質植入在孩子的腦海當中，在孩子剛剛具有知識與稍微懂事時就要開始著手，每一個對孩子的教育肩負責任的人，都一定要傾盡全力的讓孩子具有自我控制這樣的特質。第二，從另外的角度來看，假如孩子的精神因為嚴厲的管教，從而遭到貶抑與打擊，那麼兒童就不會具有本應該有的活力與勤奮，與上一種狀況相比較的話，這種狀況更為糟糕。這是由於往往成為優秀與成功的，在他們年輕的時候大多數都是精神振奮且具有活力；那些變成失敗的人，在他們年輕的時候大多數是膽小怯懦且萎靡不振。如何避免這樣的問題，真可說是一門藝術；假如將這種方法找

出來，那麼不但能夠讓孩子的精神保持舒適、積極、自由，同時還可以讓孩子把對其他東西的欲望控制住，從而去嘗試自己不喜歡的東西；在我看來，這樣做法有助於幫助孩子調和這些表面上的矛盾，進而掌握教育的真正訣竅。

人們經常使用棍棒來懲罰、管教孩子，對於平庸的老師來說，這的確是他們首先想到的教育方法，然而在教育中最不應該採取的就是這種方式，這是由於它具有兩個缺陷，正如前面我們所說，這兩種缺陷會讓人們左右為難，以至於這樣的教育方法不會產生任何的效果。

第一，痴迷於身體和現實的歡愉，並藉此來逃避所有的痛苦，這是人類的本能，然而體罰這種方式非但無法將這種傾向控制住，反而會對其產生鼓勵的作用，所有的惡行與罪惡便是由此產生的。孩子由於害怕被打從而開始刻苦讀書、吃乾淨的水果，這是因為避免皮肉之苦造成的，並沒有其他任何的原因。如此的做法只是為了增加肉體的歡愉、減少身體的痛苦。用這樣的方法來管教孩子，會產生什麼樣的後果呢？這種趨樂避苦的傾向依然存在，其他別的結果一個都沒有！所以我認為，在管教孩子這方面，假如孩子不會因為自己做錯事情而發自內心的感到慚愧，只是讓他們受了皮肉之苦，那麼這樣的管教就一點用處都沒有。

第二，透過棍棒來懲罰和教育，很大程度上會讓孩子對那些東西產生叛逆心理 —— 那些老師希望他們喜歡的東西。有些東西孩子從一開始是喜歡和能夠接受的，然而當他們知道受到打罵的原因皆是因為這些東西的時候，就會憎惡起這些東西

來，難道這不是一件非常明顯的事實嗎？這種狀況發生在孩子身上是十分正常的，縱然是成年人，也同樣不可以使用這種方式讓其接受一切的事物。就像一個人不想去玩一個對他毫無傷害卻沒有任何趣味的遊戲，但有人非要讓他去玩，並且還是透過棍棒和責罵的方式強迫他去玩；或者在玩樂的過程中，僅是由於發生了一些狀況，就經常被其他人這樣對待，難道有人會不去憎恨這種娛樂嗎？結果當然是顯而易見的，一定是會讓人憎恨的。如此讓人憤怒的狀況一般是會給與之有關的無辜事物造成影響的；比如有人經常使用同一個杯子將讓人厭惡的藥水喝掉，那麼就算那個杯子非常的乾淨，但是只要是見到了那個杯子同樣會讓人倒胃口，儘管杯子外表很漂亮，材質也很貴重，但杯子裡的東西怎麼都不會讓人覺得美味。

第三，這像管教奴隸一樣的方式只能培養出帶著奴性的孩子。面對棍棒的威脅，孩子會選擇假裝服從；然而只要沒有了棍棒的威脅，孩子就會釋放自身的天性；體罰的方式對於這樣的天性來說不會對產生絲毫的影響；相反的是這種自然傾向會在孩子的身上不斷增加，而且有這樣的管束後，如果爆發的話將會更加凶猛。

第四，這樣的管理教育方法是非常嚴厲的，儘管現在任性的問題可以得到治療，但是因為具有破壞人精神的作用，反而會帶來更加危險的問題。到了那時，一個桀驁不馴的年輕人被消滅了，卻換來了一個心神更為沮喪的年輕人，這種違反人類本能的拘謹狀態的確能夠取悅那些喜歡性格溫順、腦筋死板的孩子的蠢材。因為這樣的孩子既不會吵鬧，也不會覺得自己有

什麼煩惱；可是終其一生，無論是對自身，還是對他人，都是毫無意義的，或許還會讓他的朋友們覺得不開心。

因此，假如要讓孩子成為聰慧、賢德、光明磊落的人，那麼類似棍棒教育以及另外奴隸性的體罰都不是合適的方法，這些方法只有在極端的情況下才可以偶爾用一用。另外，還要避免利用孩子喜愛的東西去獎勵孩子，進而討得孩子歡心的做法。如果父母僅是利用一系列孩子喜歡的事物如蘋果、糖來督促孩子好好讀書，那僅僅是認可了孩子對蘋果、糖的喜歡，更多的是縱容了孩子自身所具備的一種極其危險的自然傾向的發展，原本這種自然傾向是需要父母盡最大的努力將其消除的。對於孩子的興趣，要進行適度的約束和滿足，要想讓孩子完全控制自身的興趣是絕不可能的。為了將來可以成為一個賢德的、聰慧的、有德行高尚的人，孩子應當適當控制自身的欲望，只要是理智反對或者責任要求，孩子應當克制自身對金錢、衣服以及美食等東西的興趣。然而父母以金錢當作酬勞，讓孩子去做他應當做的事情的時候，比如孩子讀書的時候，就用美味的食物作為獎勵；讓孩子幫忙做一些小事，就承諾為孩子購買漂亮的圍巾與新衣服，這樣的獎勵不就是代表了家長認為這些事物是非常好的，是孩子應當追求的，然後鼓勵孩子崇尚這些事物，讓孩子把自身的快樂建立在這些事物之上。除此之外，沒有任何其他的解釋。因此，父母為了讓孩子學習書法、舞蹈以及其他與孩子自身幸福感毫無關聯的一些事物，便採用了這種不正確獎懲方式，導致孩子失去了德行，也將對孩子的教育本末倒置，孩子學到的只是貪婪、驕傲以及奢侈等不

好的德行。這是由於這種方式鼓勵了那些本應受到抑制與約束的不良喜好，甚至為將來孩子犯下過錯埋下了隱患，只有控制自身的欲望，並讓其順從於理智，才可以將那些罪惡避免，否則毫無辦法。

不讓孩子享受所有對身心健康與德行有益處的舒適與愉快，這並不是我所希望看到的。事實恰好相反，我希望看到的是孩子可以享受到一切有益於身心的快樂，從而讓孩子生活得更加愉悅；然而值得注意的是，孩子獲得的一切快樂，只能是源於父母與老師對他們的尊重與賞識；絕不要讓孩子不情不願的去做一件事，或是只有給予額外的獎勵才能讓他們肯去做一件事情，這些都不是正確的讓孩子獲得快樂的方法。

或許有人會說，如果將棍棒管教的方式與用酬勞鼓勵孩子的方式都取消，那麼該如何管理教育孩子呢？── 希望與恐懼都被取消了，一切的管教便隨之結束。我認同這個說法，作為理性動物，人類的行為動機很大程度上都要歸結於獎勵和懲罰，以及善與惡；它們是所有人類在工作時接受引導的激勵物與約束物，所以也應該可以在孩子身上使用。我不斷的勸誠所有的父母以及老師，要時刻將這一點牢牢記在心裡，即應該把孩子作為理性動物來對待。

我認可這個說法 ── 如果要對孩子進行教育，就一定要對孩子有所獎勵和懲罰。我認為不正確的地方是，人們所用的獎懲方式大多不夠恰當。我覺得，如果將身體上的痛苦與歡樂當作獎懲施加在孩子身上的話，將會產生極其惡劣的後果；就像我之前所講的一樣，它們僅僅會讓那些需要被加以克服與控

制的興趣變得更加強烈，如果所用的方法是滿足孩子某種快樂的欲望，從而讓孩子失去對另一種快樂的欲望，那麼這將讓孩子養成什麼樣的德行和原則呢？結果是顯而易見的 —— 只會讓孩子的欲望變得更大，最終誤入歧途。如果孩子哭鬧著要吃一種不乾淨且對身體健康毫無益處的水果時，你將一顆對身體健康危害極小的糖果給了孩子，只為讓孩子安靜不再哭鬧，這樣的方法或許對於孩子的身體健康來講是有好處的，然而卻將孩子的精神損害了，因為孩子的精神偏離了正軌。此時，發生變化的只是欲望的對象，而孩子的欲望依舊是被鼓勵的，而且覺得它理所應當被滿足。我早已說明，這就是問題的根本。除非你可以讓孩子控制這種欲望，否則儘管當時可能會靜下來，然而問題並未得到解決。這樣的辦法就是將所有罪惡的泉源都培植在了孩子的身上，只要獲得機會，那麼就一定會以更加凶猛的方式爆發出來，不只是孩子的欲望會變得更加強烈，你的煩惱也會一併增加。

讓孩子走向正道的獎懲辦法完全應該歸結成另外一種形式。它們擁有一種神奇的力量，只要讓它們的作用發揮出來，那麼事情就能成功，困難也就變成了歷史。 —— 只要人們對於尊重與恥辱的含義有了深刻的領會，那麼對人們的心靈來說，這便是一種極具力量的刺激。假如可以讓孩子具有榮譽感、羞恥心，那麼他們就擁有了一種「真」的原則，這個原則發揮的作用將會是永久的，並且能夠讓孩子永遠走在正道上。或許有人會說，如何才能讓它變得可以實現呢？我覺得，開始的時候這件事看起來沒有絲毫難度，然而我認為這件事情很值

得我們花費一些時間去找尋並踐行一種有效的方法，我認為這也是教育當中的一大祕訣。

第一，孩子（可能早於我們所認為的階段）對表揚和讚美都是非常敏感的。孩子認為在獲得他人的尊重與表揚的時候會得到一種快樂，特別是獲得父母或者依賴之人的尊重與表揚。因此，如果父親對孩子好的表現進行表揚，對孩子不好的表現進行批評或冷面相對，與此同時，母親以及孩子身邊的人也都以相同的態度對待孩子，那麼用不了多長時間孩子就會感覺到兩者之間的區別；假如這個辦法能夠一直堅持使用的話，我相信它的效果肯定要好於威脅與打罵，假如威脅與打罵變成家常便飯，那麼也就喪失了力量，假如孩子沒有因此感到任何的羞恥，只能說明它毫無用處；因此除了後面所講到的極端狀況之外，其他情況下都一定要禁止使用威脅與打罵的教育方法。

第二，為了讓孩子可以深刻的體會到被尊敬或者被羞辱之後的快樂與羞恥，並將這種感受的程度放大，所以在孩子體會被尊敬的快樂時，一定要有其他讓人感覺快樂的東西伴隨著，在孩子體會被羞辱的羞恥時，一定要有其他讓人不開心的東西伴隨著，這些讓人覺得開心與不開心的東西，不是對孩子某個行為表現的獎懲，而是隨著孩子自身的行為所造成的被尊敬與被羞辱的結果自然而然產生的。這種方法能夠讓孩子知道：只有自己品行端正時才能被人尊敬且獲得表揚，這樣自然就能夠獲得一切美好的東西；反之，品行不端時會被羞辱，讓人看不起，無法避免的會受到他人的冷淡與輕視，所以將得不到任何美好的事物。這種方法可以從最初就告訴孩子，只有品行端正

以及具有良好名聲的人才可以獲得和享受自己所喜歡的東西，此時孩子的欲望反而會幫助他養成良好的品行。只要你可以憑藉這種方法，讓孩子為自身的不良行為感到羞恥，讓孩子為自身品行的端正感到快樂，讓他熱愛自身的名譽，那麼就能夠很好的管教孩子，而孩子也會熱愛一切美好的品行。

我認為，推行這個方法的障礙來自除了孩子父母之外那些愚蠢、頑固的人，因為他們有可能會對孩子的父母造成干擾。孩子在做錯事後會遭到父母的冷淡，但卻經常能夠從身邊那些愚蠢而又頑固的傢伙那裡獲得安慰，最後導致父母所有的努力全都付諸東流。當父母教育孩子的時候，所有人都要和其父母持有相同的態度來對待孩子，沒有人能夠例外，一直到孩子意識到自身的錯誤，請求父母的原諒並將錯誤改正為止。如果可以堅持這種做法的話，我認為就用不著再去打罵孩子；孩子為了能夠不被打罵，獲得舒適與滿足，就會自然而然的學會如何去獲取別人的表揚，從而不再去做那些一定會讓所有人反對且令其自身受苦的事情。孩子會學會謙遜和知恥的品行，自己身上那些讓所有人都嫌棄的缺點，孩子會很快就改掉。至於怎樣解決身邊人的干擾，只能說讓當父母的自己去思考了。我只是覺得認為這個問題非常重要，假如照顧孩子的是個小心謹慎的人，那麼這樣的父母也會十分幸福。

因此，我們應該盡量避免打罵孩子：這種方法只能讓孩子對導致懲罰的不正確行為產生羞恥和憎惡的心理，除此之外沒有任何作用。如果透過懲罰不能夠讓孩子認識到自身的錯誤，也不能讓孩子知道朋友對自己的厭惡之情完全是自己咎由

自取，那麼棍棒管教造成的痛苦只能算是一種不完整的治療。這種方法就如同只對傷口進行臨時治療，讓其表面可以達到癒合的效果，但並不能將傷口根治；只有發自內心的產生羞恥心與敬畏心，才可以真正的約束自己。這兩者都是真正可以管束人的轡索，能夠讓孩子走上正道。然而常常使用這種方法就會使它的效果大打折扣，孩子的羞恥心也終將會被毀滅。當孩子受到打罵之後，不開心的狀態很快就會消失，但孩子再看到父母生氣時就不會產生真正的害怕之情了。父母首先一定要考慮清楚，想明白孩子所犯的哪些錯誤是值得生氣的。只要是生氣了，而且還進行了懲罰，那就不能立刻將怒容收起來，而應該讓孩子恢復原有的品德，辨明是非，徹底改正錯誤，甚至好於之前的表現，才能恢復之前對待他的態度。否則，把懲罰當成家常便飯來使用的話，就會失去其本身的功效，而犯罪、懲罰、請求原諒將會變成一種固定而又自然的過程，如此此白天之後就是晚上、晚上之後是清晨一樣。

榮譽感儘管不是德行真正的原則與標準 —— 責任感才是，然而它卻是最接近的。榮譽是眾人依靠理智，一致給予具有德行之人的一種證明與讚美。所以在孩子還不可以用自身的理智來判斷是非時，榮譽感是最適合啟蒙與鼓勵孩子的方法。

這可以讓作為父母者了解應當用什麼樣的方法去批評以及讚美孩子。對於孩子不正確的行為是不可以容忍的，一定要加以責備，責備的話語要冷靜嚴肅、沒有感情，而且要在沒有人的情況下進行；然而表揚孩子的時候，一定要在人前去表揚孩子。對孩子的表揚透過大家廣泛傳播，其表揚的意義將會

擴大；而由於父母沒有宣揚孩子所犯的錯誤，孩子將會尤為看重他們的榮譽，他們認為自己的榮譽是完好無損的，因此會更加努力的去保護自身的榮譽；然而假如孩子的錯誤被當眾公布之後，會讓孩子感覺無地自容，他們會認為自己的榮譽被剝奪了，從而管束他們的工具就毫無作用了，越是受到打擊，他們就越不願意花費心思去保護自己的榮譽。

然而，如果採用正確的方法對孩子進行管教，那麼我們就不需要過多的使用獎懲的手段的。這是由於，只要孩子可以尊重在場的所有人，那麼對於孩子所有天真或者幼稚的表現都不會被加以約束的，相反還會盡量放縱孩子的這種行為。所有在孩童時期因為年紀造成的過失，如果能夠等到長大之後再去加以改正，在孩童時期就能夠不用受到過多的懲罰，而這種懲罰產生的結果無非就兩種：一種是受到很多懲罰，然而卻沒產生任何作用，並沒有將孩童時期的本性克服，以至於之後遇到一定要受懲罰的狀況時，懲罰的功效也是削弱的；另一種是懲罰的程度很大，完全可以將孩童時期的童心壓制住，最終導致孩子的身心受到了傷害。如果父母已經將威信在孩子的心目中樹立起來，那麼儘管有時孩子的行為有些吵鬧和不合時宜（父母在場的情況下），但是只要父母的一句話或者一個眼神就能夠讓孩子立刻安靜下來。然而這種脾性是和孩子的年齡以及性情彼此對應的，應該予以鼓勵，讓孩子精神振奮，擁有力量和健康，而不應該阻礙與束縛；把孩子必須要做的事情轉變得像孩子喜歡的遊戲一樣，這也是教育孩子的技巧之一。

講到這裡，我要提到一個關於普通教育的錯誤觀點，那就

是孩子無時無刻都要記住一些他們所不能理解的規則和教訓，並且老是聽過之後就將其忘記。事實上，如果想讓孩子做一件事情或者想讓孩子換個方法，最終孩子還是忘記沒做或者沒有做好的時候，此時應該讓孩子反覆去做這件事情，直到將事情做好為止。使用這個辦法有以下兩個優點。第一，能夠透過一件事情了解孩子是否具有此項能力，是否可以在這方面對孩子持有期望；這是由於有時我們會讓孩子去嘗試一些事情，嘗試之後才可以了解孩子是否具有這方面的能力，或者是先要對孩子加以教育與練習之後才讓他們去做。然而對老師來講，下命令要比教育要簡單很多。第二，另外一個優點就是反覆練習同樣的動作，讓孩子養成一個習慣，這樣就不用再依靠記憶和回憶，可以順其自然的將動作做出來，記憶和回憶是謹慎和年齡的產物，並非是孩童時期的產物。好比在有人向孩子致意的時候，孩子將會鞠躬作答，在有人和他講話的時候，他將會注視這對方的面容，對於接受過良好教育的人來講，好比是呼吸空氣一樣，根本不用思考，也不用回憶，都是因為不斷使用的原因。使用這個方法將孩子所有的錯誤改正了之後，也就代表著那些錯誤被永遠的改正了。透過這種方法一件件的糾正，就能夠將孩子身上所有的毛病都改掉，讓孩子養成好習慣。

我見過一些爸爸媽媽對孩子設了許多的規則，孩子甚至連一成的規則都記不住，更不要說執行了。然而假如孩子違犯這些複雜且十分不合理的規則的時候，就會遭到打罵。這個做法帶來的後果就是孩子清楚的知道自身沒有足夠的注意力，肯定不會逃脫這些懲罰，索性就徹底的不管爸爸媽媽的叮囑了。因

此，對孩子制定的規則應當盡量少些，而像「絕對」、「一定」這樣的規則盡量要少，甚至完全不應該有。這是由於，假如制定了太多的規則，會讓孩子覺得受不了，最終的結果不出意外就是兩種：一種是孩子常常遭受懲罰，但是過多懲罰造成的結果必定不會好；另一種是儘管孩子違犯了規則，但卻不對其進行懲罰，結果就是孩子一定會輕視規則，此時你在孩子心目當中的威信也會隨之降低。應當少制定一些規則，但是只要制定了規則就一定要讓孩子嚴格遵守。年紀小需要的規則也不多，但隨著孩子的成長，當一種規則已經透過實行而被確立，那麼可以逐步增加其他的規則。

（二）透過練習養成習慣

一定要記住，規則不可能將孩子教育得非常好，這是由於孩子經常將規則忘記。如果覺得孩子一定要做什麼事情，就應當利用所有的機會，甚至在有些情況下可以去創造機會，讓孩子進行必要的練習，使其成為孩子的一種習慣。透過這樣的方式讓孩子養成習慣，習慣一經養成，就可以不再依靠記憶，習慣就可以自然的將它的作用發揮出來。然而還是有兩點需要提示一下：第一，在培養孩子養成習慣的過程中，對孩子進行的勸導和提醒一定要和顏悅色，不能聲色俱厲的批評孩子，猶如孩子是故意做錯事情一樣。第二，不要一下讓孩子培養太多的習慣，如果有太多的花樣，會讓孩子變得頭昏腦脹，反倒一種習慣都培養不成，要讓孩子將一件事情的習慣養成，可以自然而然且不假思索的做出來，然後再去培養其他的習慣。用這種

反覆實踐的方法教育孩子的時候，並不需要孩子死記規則，而是需要家長或老師一直在監督和指導孩子反覆的去做相同的一件事情，直到將這種行為習慣培養成功。不管出於什麼考量，這個方法所具有的好處都是比較多的，然而這種方法經常被人忽視，我認為這種情況非常奇怪，接下來我就講一講這種方法具有的優點。使用這個方法能夠讓我們明確了解孩子是否具有做這件事情的能力，這件事情的本身是否與孩子本身具有的天資和稟賦相符合，這是展開良好教育一定要考慮的事情。我們不可能將孩子的本性完全改變，因為我們沒有辦法讓一個天生快樂的人變得憂鬱，或者將一個天生憂鬱的人變得歡樂的同時不受絲毫的傷害。人類精神當中有些特質是特定的，這些特定的特質和人類的外貌一樣，只能略微讓其產生一點變化，但絕不可能將其變成與之前完全相反的樣子。因此，照顧孩子的人一定要把孩子的天性和才能進行仔細研究，而且要經常去嘗試，看看什麼事情對於孩子來說相對容易，什麼事情對於孩子來講相對適合；一定要看看孩子的天性是怎樣的，具有什麼樣的才能，這種才能如何能夠獲得改進，更加適合做什麼；換句話說，要考慮到孩子缺少什麼東西，所缺少的事物孩子可以透過怎樣的努力來進行獲取，是否可以透過實踐進行獲得，是否值得為此努力。在很多情況下，我們可以做的事情以及應當做的事情，僅是將孩子自身所具有的天賦盡量利用，還有就是在於如何防範那些最容易產生罪惡和錯誤的天賦，並將孩子所有的優點找尋出來。所有人的天賦都應當盡量將其全部發掘出來，然而要是孩子本不具備的天賦強加在他的身上，那這樣的

做法就毫無意義，不過是白費力氣罷了；就算竭盡全力去加以粉飾，也僅是勉為其難，局促不安與矯揉造作將永遠存在於其中，讓人非常不舒服。

（三）矯揉造作的弊端

我認為，孩子矯揉造作這個問題並非自小就有，也不是因為天性未經過教導而產生的。好比一種只生長在荒蕪野地中的雜草，現在反而生長於花園裡，造成這種情況的原因是園丁的疏忽或者缺乏能力。一個人為什麼矯揉造作，一切的起源都是這個人想要透過自身所接受的管理和教育，展現出自己有教養的一面。他總想將自身的缺點加以改正，目的是為了取悅他人，可是卻一直無法達成此目的；因為越是耗費心神的裝出一副優雅舉止的樣子，往往就是離優雅舉止越遠。由於這個原因，因此我們就越是要提防矯揉造作這個問題，因為它是教育的一種產物；這確實是一種不正確的教育方式的產物，然而青少年或是因為自身的錯誤，或是因為身邊人不良的行為舉止，經常會受到這種不良的影響。雖然人們喜歡優雅的言行舉止，然而只要稍微研究一下就會發現，真正優雅的言行舉止在於如何能夠順其自然的在一個適當的場合去做適當的事情。所有人都希望能夠遇到文質彬彬、友好殷勤這樣的人。所有人都喜歡舉止優雅，具有自控能力，且所有行為都不粗野庸俗與傲慢孤高，不存在什麼缺點這樣的人。這樣的行為是具有完善心靈的人所展現出來的，也是心靈所流露出來的真實印記，這自然會讓人們感覺到開心快樂，這種行為既然是心靈的自然流露，那

就一定是從容自若的，絲毫不會矯揉造作。我認為這樣的行為是一種美，並透過人們優雅的舉止行為將這種美展現出來，讓人們的一舉一動都是那樣的燦爛奪目，與這樣的人有所親近，必定會為其傾倒，他們透過不間斷的練習，讓自己的言行舉止變得優雅，在和人交往的時候，因為自身的生性以及養成的良好習慣，他們會非常有禮貌，且懂得去尊重別人。他們看上去神態自若，絲毫沒有後天加工雕琢過的痕跡，所有都是那麼的自然，這一切源於美好的內心與良好的品行。矯揉造作則與之相反，它將原本應該從容自若的事情以一種拙劣且做作的行為方式對其進行模仿，缺少的是那種自然而然的美好，這是由於當人們在矯揉造作的時候，外在展現的言行舉止和內心的心靈是完全不相同的，具體表現有兩點：

第一點，一個人本質上並不具有某種性情，但是卻非要惺惺作態，並竭盡全力的將這種本不具有的性情展現在自己的外表上；然而，這樣做作且勉強的言行舉止會讓自身的缺點暴露出來。好比有些人事實上沒有悲傷、快樂或者慈愛的心態，而自己卻偏偏裝得很悲傷、快樂或者慈愛。

第二點，有的時候這些人並不會惺惺作態或者是假裝自己具有某些性情，然而他們卻使用一些和自身不相搭配的言行舉止去表達自身擁有的某些性情，例如在和他人交往的過程中，他們會使用各式各樣做作的動作、舉止以及相貌，儘管他們原本的目的是想向他人表示尊敬與禮貌，或者是展現自身的滿意與舒適，然而事實上這種不夠自然、不夠真實的表現，反而將他們心靈當中的一些缺點以及錯誤表現了出來。發生這種狀

況，大部分都是由於這些人雖然知道要去模仿他人，卻不能辨別他人行為當中哪些是優雅，哪些是其本身就具有的性情。所有的矯揉造作，不管採用什麼樣的方式，都是讓人厭煩的。這是由於人們與生俱來就厭惡所有假冒的東西，那些使用矯揉造作的方式博取他人歡心的人將會遭到譴責。

率真、自然、不矯揉造作的性情，要遠遠強於那些刻意的模仿與故意扮醜、搞怪。即使沒有成功，或者行為上有些缺點、舉止不夠大方得體，一般情況下也不會被人注意甚至遭到譴責。然而如果我們的言行舉止變得矯揉造作，那就相當於是我們自身把所有缺點暴露於外，結果可想而知，不但會被人注意，還會讓人覺得我們沒有什麼見識且為人不夠真誠。對於這樣的狀況，當老師的人一定要尤為注意。這是由於，就像我在前面所講的一樣，有矯揉造作這方面問題的人，大部分都是沒有教養且不會與人交往的人，然而這些人不願意讓人覺得自己不明白怎樣和人交往，還經常去冒充有教養的人。除了這些人之外幾乎沒有其他的人，這種做法之所以會產生，主要源於不正確的教育方法；如果不出意外的話，大多的起因是由於老師的懶惰，老師僅僅將規則制定出來，進而提出範例，然而卻不將教育和練習進行相互結合，不會親自來監督學生重複練習某一種需要養成的行為習慣，導致當中失禮與做作的部分不能得到改正，從而使學生沒有養成一個良好的且能夠運用自如的行為習慣。

（四）禮貌的培養

通常情況下，孩子弄不明白禮貌是怎麼回事，但孩子身邊的女性和女老師往往能夠在這方面對他們提出很多有益的意見和勸誡，但我始終認為，與其用規則來教導孩子學習禮貌，倒不如用榜樣來引導孩子。這樣的話，假如孩子不去結交不好的朋友，能夠知道有禮貌的行為可以獲得他人的尊重與表揚，那麼孩子就會把有禮貌的人視為榜樣，願意去模仿他們，從而讓自己的言行舉止變得更加優雅。假如因為禮貌的問題造成一些小的疏忽，例如孩子行脫帽禮還有屈膝禮的時候，動作姿態不夠優雅，像這樣的錯誤完全可以讓舞蹈老師去教導孩子改正過來，並將率真天性中所含有的村俗之氣一併去掉。我認為舞蹈是最能夠讓孩子擁有信心和優雅舉止的學科，舞蹈可以讓孩子和年長於他的人進行交流，因此我覺得只要孩子到了可以學習舞蹈的年齡就一定要去學習舞蹈。即使舞蹈僅是優雅的一種外在動作，然而不清楚到底是什麼原因，舞蹈可以讓孩子在思想與姿態上都表現出一種氣概，因此舞蹈的作用要強於其他的教育方法。除此之外，我不贊成孩子在幼兒時期由於禮貌問題而要多吃一些苦頭。你要清楚，孩子在禮貌方面所犯的錯誤是可以隨著年齡的增長而改正的，所以完全沒有必要為了禮貌的問題如此費心費力。在孩子還處在幼兒時期時，只要孩子的內心是有禮貌的（父母一定要早早注意及培養），舉止當中的禮貌問題如果有什麼不合時宜的地方，當父母的可以暫時不用擔心。如果孩子幼小的心靈之中滿是對長輩和老師的敬愛之情，那麼就不會違背他們的意願；與此同時，孩子對所有人也同樣

會懷抱著尊敬與善意之情；所以，當孩子具有這種尊重別人的心理之後，孩子就會自動去模仿他人所喜愛的言行舉止，並以此來將這種心理表達出來。必須要在孩子的心靈之中將善良仁愛這樣的原則建立起來；可以透過榮譽、表揚，還有隨之而來的一切美好的東西，讓仁愛善良這種原則成為一種習慣；透過長期不間斷的實踐，讓仁愛善良這種原則在孩子的心靈之中慢慢的生根發芽，然後就不用再為此操心了，到時候孩子的身上將會自然而然的具有文雅談吐與得體的外表；不過當孩子無須別人照顧自己的時候，一定要請一位擁有良好教養且品行端正的男士來做孩子的老師。孩子處於幼兒時期的時候，不管如何毛手毛腳，只要其中不存在驕傲或者不良天性的痕跡，所有的一切都是可以被原諒的。然而如果孩子有的言行舉止表現出驕傲或者不良天性的痕跡，此時就應當依照前面所講的方式，對孩子的言行舉止馬上進行糾正。我講的這些，意思並不是說，儘管我們已經非常清楚如何才能讓孩子變得有禮貌，也不應該在孩子幼兒時期就開始薰陶和培養孩子的言行舉止。如果從孩子剛學會走路時起，就讓明白禮貌教育的人使用恰當的方式去薰陶孩子，原本應該是一件非常好的事情。我不贊同的是，在禮貌教育這個問題上面，經常使用的方法都是不正確的。一直以來有的人從未對孩子進行過任何關於言行舉止方面的教育，但是卻經常（特別是有陌生客人在時）因為在禮貌方面存在的細微的不周之處，就對孩子大聲責罵，還有會在脫帽禮或者屈膝禮這些事情上小題大做。儘管從表面上看來這些人是在幫助孩子改正錯誤，事實上大多只是為將自身的錯誤遮掩起來。這

些人為了不讓自己遭到責備，就把一切的過錯全部都歸罪於可憐的孩子，僅僅是為了不讓他人議論自己，害怕別人說孩子之所以沒有好的言行舉止，是因為他們對孩子的照顧不周，說他們不會正確管教孩子。從孩子的角度來講，這樣對他們而言是沒有任何好處可言的。這種事情應當在事前進行教育，告訴孩子什麼事情可以做，什麼事情不可以做，而且應該對可以做的事情進行反覆練習，知道養成習慣，而不是臨時讓孩子去做他們之前根本從未做過的而且不知道如何做的事情。每當事到臨頭就對孩子大聲責罵，那根本就不是在教育孩子，而是無緣無故的在擾亂折磨孩子。家長應該隨孩子自由發展，沒有必要因為一些本就不是孩子自身的過錯，也不是孩子聽了一下勸告就可以將其改正過來的錯誤，而去大聲責罵孩子。孩子處於幼兒時期，天生就有疏漏與率真，這些應該在孩子的年齡稍微大一些時再注意，這遠遠強過那些不合時宜的訓斥，這是由於即使進行了這樣的訓斥，也不可能把孩子培養得具有優雅的言行舉止。假如孩子心地善良，心裡就有禮貌，縱使這樣的孩子會由於缺少良好的教育而在外在上表現得粗糙一些，但是只要這樣的孩子是在良好的教育環境當中長大，並且擁有言行舉止十分得體的朋友，那麼這種外在的粗糙絕大部分會隨著時間和觀察被沖刷乾淨；與之相反的是，假如這樣的孩子常常和言行舉止不良的朋友在一起，那麼，即使用盡世間一切的規則，用盡所有能夠想像到的懲罰手段，也依然無法讓這樣的孩子的言行舉止變得優雅。我們應當認識到這樣一個真理：對於孩子而言，即使能夠給予他們所有的教導，並無時無刻的教導他們和禮儀

有關的一切精湛的指示，然而，最終可以影響孩子言行舉止的依然是那些和他們朝夕共處的人以及他們身邊人的言行舉止。孩子（成人依舊如此）的言行舉止絕大多數是透過模仿獲取的。人類本身就是一種模仿性超強的動物，所謂耳濡目染，近朱者赤，近墨者黑；在孩子身上表現出百聞不如一見的道理，也就再正常不過了。

（五）孩子應當怎樣交朋友

孩子應當盡可能多的與自己父母或者照顧他們的人待在一起。為了達成此目的，孩子在面前時，一定要讓孩子覺得舒適自在；孩子在父母與老師的面前時，應當得到和他們年齡相符的自由自在，而不應該讓孩子產生一種不必要的束縛感。如果孩子感覺在父母或者老師的跟前猶如坐牢一樣，那麼孩子理所當然的就不願意和父母以及老師待在一起。孩子終歸是孩子，只要不去做不好的事情，他們身上所具有的有些孩子氣的遊戲與有些孩子氣的言行舉止，都不應當被阻止，而且還應該給予孩子一定的自由。除此之外，為了讓孩子願意和自己的父母待在一起，但凡他們喜歡的事物都應當在孩子和父母相處的過程當中由父母親自給予孩子。

講到朋友這點時，我真的想停筆不寫，因為不想在這個問題上面打擾你。這是由於既然朋友帶來的影響要大於所有的教導、教訓以及規則，所以我認為再去探討其他的事情以及那些毫無效用的事物，簡直就是在浪費力氣。你或許會這樣講，對於自己的孩子我又有什麼辦法呢？如果我總是讓孩子待在家

中，他就可能會成為家裡的小霸王；如果將孩子放到外面去，外面又處處充滿粗魯和罪惡，孩子也會學到這些。如果讓孩子一直待在家中，可能相對會比較天真，可是孩子將不會了解外面的人情冷暖；在家裡沒有新的朋友，每天能夠見到的都是同樣的面孔，但是一出門見到外面的世界，就會變成一個懦弱膽怯或者驕傲自大的人。

我認為，不管是讓孩子待在家中或者是將孩子放到外面，都是具有弊端的。當然，如果常常讓孩子出去外面，孩子的膽子一定會變大一些，也會更加擅長與同齡的孩子相處，由於同學之間的彼此競爭的關係，經常會讓年輕人充滿生機。但是，除非你為孩子找到的學校裡，老師可以周到的照顧學生，可以讓學生的品行培養工作見到成效，讓學生受到薰陶，儀容整潔，就如同以讓學生將學者的言語全都學會並且成績卓越。你必須要承認，你對語言的看法有點奇怪，因為你所在意的語言是諸如古希臘、古羅馬的語言，而非讓孩子變成勇敢無畏之人的語言，你認為拿孩子的天真與品行去冒險是值得的，這樣他可以學到希臘文以及拉丁文。至於男孩子在學校朋友那裡獲取的大膽以及生氣，大多數都帶有一種魯莽和不好的自信，這些不合時宜及不端正的處世方式與惡習今後一定要將其去除，取而代之的是好的原則以及能夠讓人變成有真正價值的人的言行舉止。大家仔細想一想，一個人具有良好的生活技能，並且在為人處世方面也都受人稱道，這些和從學校裡的同學身上學到的粗魯、詭計以及莽撞是絕對不可能相容的。儘管人們都認為私人的教育有些弊病，但是與學校的教育相比，私人教育所帶

來的弊端要少很多，所以就會想方設法的將孩子留在家中，讓孩子的純真與謙遜得以保持。這是由於把孩子留在家裡的時候，他們接觸的都是比較親近的人，相比之下，那些可以成為有用與能幹之人的德行更加容易學到。女孩子的成長可以說是在退匿覥腆中完成的，沒有任何人發現或者覺得女孩子長大了就不懂事了，就成為一個相對來說不那麼能幹的人了，在對於這一點的認知上大家是不存在任何的疑慮的。女孩子一旦踏入社會，會在和人交往的過程中快速獲得一種適合她們的自信；至於男孩子，一定要避免所有的莽撞和吵鬧；因為我覺得一個人是否勇敢和鎮定，關鍵不在於這個人是否莽撞或者沒有教養。良好的品行要比立身處世更難做到，很多年輕人將德行丟掉了，這是很難恢復的。大家認為私人教育的弊端主要是懦弱無能與不明白如何立身處世。可是這個弊端並不是在家庭內部展開教育的必然結果，也並不是不能解決的問題。與懦弱、不懂得立身處世相比，邪惡才是更加固執且危險的問題，因此最應當加以防範的是邪惡。假如家庭教育會讓人怯懦無用，那就應當極力避免，它最主要的目的在於培養德行；因為我們擔心這種容易順從的性格很容易受到邪惡的侵襲，使剛剛踏入社會的年輕人迅速墮落下去。年輕人在離開父母的懷抱以及老師的庇護之前，就應當擁有堅定的決心以及了解人性的好壞，讓自身的品行保持下去。否則，假如他不清楚交友存在的危險以及不能堅定的抵抗住所有的誘惑，那麼他將會誤入歧途，走上危險的絕境。如果不是因為這個原因，也就不用如此費心且過早注意年輕人的羞怯、畏懼以及不懂如何立身處世的問題了。社

交在很大的程度上能夠將這個問題解決；假如不可以，那只不過就是有了個極有力的理由，證明在家庭教育當中有一個好老師的重要性。這是因為，我們之所以要耗費精力去培養孩子的男子氣概以及自信的態度，其中最主要的原因就是當只有他一個人踏入社會時，能夠讓他的品性有所保證。既然堅定自主最重要的作用就是讓他的品性得以保持，那麼，只是為了讓孩子擁有自信，得到一些為人處世的技能，就將孩子純潔的天性犧牲掉，讓天真的孩子與那些毫無教養且邪惡的孩子進行交際，很明顯這是主次顛倒且不合情理的做法。這是因為，一旦聰明或者自信與邪惡同流合汙，讓其所具有的不好德行得到了支持，那毫無疑問，他已經誤入歧途了；到了那時，無論用什麼辦法，都一定要把他從不好的朋友那裡學到的不好的行為全都改正過來，否則他只能被毀掉。男孩子只要擁有與人交際的機會，變得自信只不過是時間長短的問題。在這之前，謙虛與順從讓孩子變得更加適合接受教育，因此之前完全沒有必要太過注重培養孩子的自信。而讓孩子具有良好的品行原則以及良好的教養，才是最應當耗費時間和精力去做的事情。這才是孩子應當多加計劃的事情，避免之後將良好的德行以及教養丟失。所以孩子需要充分準備，事先就要具備良好的德行以及教養；這是由於在孩子踏進社會以後，和不同人之間進行的交往會讓他們的知識、自信與日俱增，但同時也非常容易把良好的德行以及教養丟失，因此應該充分的培養孩子，讓其具有良好的德行以及教養，並讓良好的德行以及教養深深的扎根於孩子身上。

（六）導師以及家庭教育的具體作用

至於到底如何才能幫助孩子在長大以後更好地進入社會以及與人交往，我們在其他的章節再進行講解。然而那種整天和頑劣的孩子在一起、明爭暗鬥，為了很小的事情便彼此之間互相欺騙，如果他們都能禮貌的相互交往或者擁有成功的事業，我是絕對不會相信的。從學校同學身上所學會的品行，大多數都是從各式各樣的父母身上習得的，真是不知道為什麼有的父親竟然想要讓孩子學會這些品行。我堅信，只要一個家庭能夠請得起家庭教師，那麼這個家庭可以透過家庭教師的教導，讓孩子學會更加優雅的言行舉止，培養更加堅定的思想信念，同時還可以學習什麼是有價值的，什麼是恰當的，並且可以將知識掌握得更加牢固、成熟和快速。對於這種情況，不能責怪學校的老師，因為我覺得學校的老師不太可能做到這一點。在家裡只有兩、三個學生，而學校的教室裡則坐滿了七、八十個學生，這就是兩者之間最大的區別。不管老師如何勤勞以及有能力，也只能是在學生齊聚學校時才能對他們進行教導，其他時間老師絕對不能夠同時兼顧到五十甚至一百多個學生的；除了書本上的知識，沒有任何辦法能夠讓老師在其他的方面對學生展開行之有效的教育，在學生精神與禮貌的形成過程中，必須要給予他們不斷的關注，而且有時候或許還要對學生實行具有針對性的教育，顯然這對於許多學生來說是不可能實現的，並且學生每天大多數的時間都是獨處的，還有的時間被其他同學的陋習傳染（縱然老師有時間與精力對所有學生具有的個別缺點以及錯誤方向進行研究，並最終將其改正過來），這樣的

話，老師的努力只不過是在浪費精力和時間。然而一些身為父親的人，看到一些膽大妄為的傢伙運氣卻很好，所以就希望自己的兒子也能早早變得膽大起來；父親覺得這代表的是一種佳兆，預示著孩子長大成人之後一定會興旺發達，所以當父親看到自己的兒子對同學使用陰謀詭計，或者在同學那裡學了一些古怪詭異的手段，就覺得孩子已經具備了謀生的能力，能夠立身處世了。然而我不得不嚴肅的說，將孩子的幸福建立在良好的德行和教養的基礎上，才是最為穩妥與安全的辦法。造就人才所需要的不是同學之間使用的陰謀詭計，不是同學之間的相互無禮，也不是一起盜竊果園時詳盡的計畫；造就人才所需要的是剛正廉潔、大氣慷慨以及嚴肅謹慎的品行，並加以觀察和努力，但是這些品行我覺得如果是透過和學校裡面的學生相互進行學習的話，應該是學不到多少的。假如跟隨一個家庭教師學到的品行不如跟學校同學學到的品行多，那只能說明孩子父親所選的家庭教師不好。你可以去文法學校選一個優秀學生，再去一個家庭尋找一個接受過良好教育的孩子，並且這兩個孩子的年齡相同，之後讓這兩個孩子變成好朋友；這時你就能夠發現，究竟哪個孩子的言行舉止更具有男子漢氣概，究竟哪個孩子在和陌生人談話時表現得更加有禮有節、充滿自信。我堅信，來自學校的那個學生在這種時刻會有兩種表現：要麼沒有自信，要麼驕傲自負並讓人嘲笑，如果學生具有的自信心僅僅能讓他與同齡的孩子之間進行交往的話，那還不如沒有。經常聽到大家抱怨，罪惡在這個時代發展得太過迅速，很早就把種子撒在了年輕人的身上，如果你敢冒險放任孩子在外面鬼混，

任由孩子在學校裡面憑藉自己的機遇或傾向來選擇朋友，孩子肯定會被流行病所傳染。關於罪惡，近年來它到底為什麼在我們中間如此興盛，到底是什麼人在姑息和放任罪惡，讓罪惡如此囂張，這些問題就留給別人去探討研究吧。我真心希望那些對基督教有所埋怨的虔誠信徒、德行大大減退的人以及對當代紳士的學識和教養發出埋怨的人能夠認真思考一下，如何能夠將這些美德（良好的德行和教養）在下一代的人身上恢復如初。對此我始終堅信，假如年輕人的教育和原則沒有被打下一個良好的基礎，那麼剩下付出的所有努力與辛苦都是白費。儘管我們透過自身具有的德行、本領以及學識將英格蘭打造成了一個讓全世界都不敢小看的國家，然而假如不去關心與保護我們下一代的純淨、謹慎以及努力的美德，而又期待我們的下一代具備足夠的這樣的德行、本領以及學識，在世界的舞臺上繼續大放異彩、獲取成功，這簡直就是天方夜譚。我原本還想提及勇敢，儘管勇敢一直被認為是英國人與生俱來的天性。大家近來經常談論到一些發生在海上的事情，這些是我們的祖先見所未見的事情，在想到這些事情的時候，不得不說，荒淫無度會讓人的勇氣消磨殆盡；一旦真正的榮譽感被醉生夢死的行為所侵蝕，勇氣將不復存在的，我認為，無論世界上哪個民族，不管怎樣以驍勇善戰而著稱，一旦被荒淫無度所侵染，紀律約束就會全部消融，囂張、罪惡甚至會達到不以為恥的地步，那麼這個民族將失去驍勇善戰的威名，並且無法再威震其他民族。因此，在教育中非常難做的但又非常具有價值的就是德行的部分，是具有教養的德行，既不是莽撞輕率，也不是立身處

世的任何技巧。其餘所有的思考和成功都應當對德行讓路，都應該列在德行之後。只有具備德行才能夠具備真正的善良。老師不能只是教育談論德行，更應當透過教導的工作以及技巧，將德行灌注到所有年輕人的心靈之中。讓德行緊緊的固定於心靈之上，而且這樣的行為絕不可以停止，直到年輕人對德行產生真正的興趣，並將自身的力量、榮耀以及快樂放置於德行當中。具有的德行越高，獲得成就也相對越簡單。因為凡是依照德行行事的人，對於所有適合自身的事情，都不會表現出頑固或倔強的態度；因此我必須主張將孩子留在家中且放在父親的眼前，並由具有良好的德行和教養的老師去教育他們，只要做到這一點，並且做得恰到好處，那麼這將是達到教育中偉大目標的最穩妥、最具有保障的一種辦法。紳士的家裡有形形色色的夥伴；他們一定要讓孩子習慣所有來訪的外人，孩子一旦有了與有本領以及良好教養的陌生客人進行交流的能力，那麼一定要讓孩子進一步與他們交往。我不明白到底是因為什麼，一些居住在鄉村裡面的人，在外出拜訪鄰里的時候，是不會帶上自己的孩子一起去拜訪鄰居的。我堅信，父親將兒子留在家裡進行教育，這與將兒子送至外面進行教育相比，不但有很多與兒子單獨相處的機會，而且還可以給兒子相應的鼓勵，從而免於讓兒子受到其他人的薰陶。然而事情到底如何選擇，很大程度上一定要由作為父親的人進行仔細思量，根據實際狀況和對自己方便的情況去選擇；我認為，假如身為父親原本就不想耗費精力去教育自己的兒子，那麼這將是最不好的治家方式；不管他擁有怎樣的處境，能夠親自教育孩子是父親可以留給孩子

的最好的禮物。最終，假如依然有人覺得，家庭教育沒有夥伴，但是學校的教育方法又不適合教導年輕人，那麼或許在不久的將來可以找到其他的方式與方法，能夠完美的將家庭教育和學校教育的弊端給解決掉。

（七）父母應該為子女樹立榜樣

之前已經講過，朋友的影響是非常大的，我們所有的人，特別是孩子，尤其願意模仿別人；在此我一定要冒昧提醒一下，任何已經為人父母的人，假如希望孩子能夠尊敬父母、服從父母的命令，那麼就應該同樣尊重自己的孩子。因為「後生可畏」，你堅決不希望孩子模仿的事情，也堅決不能在孩子的跟前做。如果你覺得孩子做的某件事情是不正確的，但是作為父母的你卻在不知道的情況下不小心的做了，那麼，孩子肯定會用你做錯的這件事情來保護自己，此時如果你再想使用正確的方式去糾正他所做的錯事，就不是那麼容易了。如果孩子看到父母做了某件事情，隨後他也去做了相同的事情，然而父母卻責怪懲罰他，那麼，儘管父母責罰孩子的出發點是愛護孩子，想要認真的將孩子身上的錯誤改正過來，可是孩子並不會這樣覺得，孩子會認定父母是憑藉長輩的身分，專橫跋扈，沒有依據的不讓他去享受作為孩子應該享受的自由與快樂。如果父母覺得自己所享有的這種自由是成年人特有的權力，作為孩子不應該期望這樣的事物，那麼，這只會讓孩子變本加厲的用你做的這件事情來保護自己，而且這種行為對孩子吸引力更大。所以應該時刻記得，孩子模仿冒充成人的行為要比我們想

像得要早。孩子喜歡穿短褲，並不是由於短褲好看的樣式或短褲穿著舒適，只是由於穿短褲這個行為似乎就是成人的某個象徵或者步驟。對於父母在孩子跟前的行為舉止，我所講的這些事情適用於所有有權教導孩子或者應當受到孩子敬重的人。

（八）孩子的管教與懲罰

現在讓我們再次討論一下對孩子的獎懲問題。孩子所有的幼稚行為、粗魯舉止以及所有能夠隨著時間的流逝或者年齡的增長而逐漸改善的東西，假如像我之前所講的那樣，從不使用棍棒對孩子進行教育，那麼現在人們也就不需要經常對孩子使用棍棒了。如果我們在外語、讀書、作文和舞蹈等這些需要學習的地方也用這樣的方法對待孩子，那麼在這種坦誠的教導之中，幾乎用不到棍棒或者強力的方法。將這些事物教給孩子的正確方式是讓孩子對這些你希望他們去學習的事物產生興趣，然後孩子自己就會去主動學習。如果我們可以恰到好處的對待孩子，認真的使用前面提到的獎勵和懲罰手段，同時在教育孩子的方式上遵從接下來要提及的幾條規則，我認為這一點是很容易做到的。

孩子應學習的事物，絕對不能變成孩子的包袱，也不應當將其作為一項使命強加於孩子的身上，否則孩子會厭惡這些應當學習的事物。就算是孩子之前十分喜歡的事物或者起碼不厭惡的事物，孩子都會對這些事物感到牴觸。你可以叮囑孩子，讓孩子每天在固定的時間裡抽陀螺，無論孩子情不情願；你只須讓抽陀螺這個行為成為孩子的一種義務，讓孩子每天早晚都

在抽陀螺這個行為上耗費很多的時間，長此以往下去，你看孩子是不是會在很短的時間內就厭煩所有的遊戲。其實，作為成年人的我們何嘗不是如此呢？如果孩子喜歡做的事情，一旦成了他們的義務，孩子肯定馬上就會對其產生厭煩，並認為無法繼續接受這件事情。無論你如何看待孩子，但他們和具有自尊心的成年人是一樣的，孩子也想表現出自己其實是自由自在的，希望別人在看到自己身上所具有的良好的行為舉止和教養其實是源於他們自身，希望別人明白他們其實是絕對獨立的。

所以，縱然是那些你已經讓孩子完全產生了興趣的事情，假如他們依然還是不喜歡去做，那麼你就應當盡量不讓他們去做那些事情。有的人非常喜歡讀書、寫作以及音樂的，然而有時他們也一樣會覺得讀書、寫作以及音樂有些枯燥無味；縱使那時強迫自己去做這些事情，最終的結果也肯定是自討苦吃。孩子也是一樣，因此應當特別留意觀察孩子的這種秉性所發生的變化，注意掌握孩子處在興趣最值正濃時的最好時機；如果孩子自己不能常常保持進取的精神狀態，就應該對孩子進行教導，讓孩子真正意識到應該怎樣去做，然後才能讓孩子去做這些事情。我認為這件事情對細密周到的老師來講不是一件難事，這是由於老師對孩子的秉性早已有所探究，會想方設法的向孩子灌注一些適宜的想法，讓孩子能夠喜歡目前所在進行的事情。使用這樣的方式，能夠節省很多時間，也讓自己不那麼疲憊，孩子在興趣最值正濃時去學習，其效果將事半功倍，然而被迫、勉強的結果將會是事倍功半。如果此道理可以受到該有的重視，那麼就能夠放任孩子去玩遊戲，直到孩子不願玩了

為止，他們依舊擁有充裕的時間去學習所在年齡應該學習的事物。然而一般的教育方式不會對這一點進行反思，而且也根本沒有辦法去很好的進行思考。這是由於那種粗劣的棍棒教育是建立在其他的原則基礎上，且這種棍棒教育不能產生一種吸引人的力量，更不會去考慮孩子所特有的性情，不知道應該如何利用孩子興致正濃時這一最佳時機。透過強迫、棍棒的手段，讓孩子對自己所做的事情產生了反感，還希望孩子可以主動的不再玩遊戲，然後再興高采烈的去學習，這是多麼可笑啊。但是，如果能夠將事情進行合理安排，就好比把遊戲當成學習事物之後的消遣，而所學的事物也一樣可被當成遊戲之後的消遣。無論是學習還是遊戲，都是需要付出勞苦的。但孩子天生就喜歡動、喜歡忙碌、喜歡變化、喜歡不停的轉換樣式，這是他們的天性，而且他們不會覺得辛苦。遊戲和學習兩者之間的差異就是，我們所指的遊戲是孩子自由自在的去做一些事情，即使辛苦也是心甘情願（你完全可以發現，孩子在做遊戲的時候是從來不會吝嗇氣力的）；然而孩子所要學習的事物卻通常是強加在孩子身上的，孩子是在被叮囑、被強迫以及被命令的情況下去做這些事情的。這相當於從一開始，就已經給了孩子一記當頭棒喝，孩子缺少的是自由。要想方設法的讓孩子主動向老師請教問題，就和孩子常常向他們的朋友請教一樣，而不是讓老師去命令孩子學習，這樣的話，孩子就會覺得自己學習這件事情是源於自願的，這與做其他事情是一樣的，並沒有什麼區別，因此孩子就會和做遊戲的時候一樣，興高采烈的去學習，此時學習和遊戲就沒有任何的區別。假如能夠謹慎準確

的使用這個方法，那麼就能夠讓孩子心甘情願的去學習任何你希望他學習的事物。我認為，教育第一個或者年紀大一些的孩子是最不容易的，但是只要可以將第一個或者年紀大一些的孩子引入正道，之後就能夠借助其中的經驗來輕鬆教育其他的孩子。

孩子學習的最恰當機會就是他們興趣最濃、內心最想學的時候；那時候孩子的精神狀態是非常好的，心思也都會放在要學的東西上面，所以在學習的時候不會感覺到任何的難受和厭惡，這是毋庸置疑的，然而依舊需要注重以下兩件事情：一是，假如這樣的機會未被謹慎準確的掌握住或者說這樣的機會壓根就不會常常有，也不能因為這樣就對孩子的教育有所忽視，從而讓孩子養成懶散的習慣，這樣就會讓孩子更不願做自己應該做的事情。二是，儘管在不具興趣或不夠專心的情況下是不能將應該學習的事物學好的，然而依舊需要非常注意一件事情，並且這件事情十分值得我們努力，那就是教育孩子學會如何控制自我，可以在衡量取捨之後將正做得高興的事情暫時放下，然後心甘情願、興高采烈的去繼續做另外一件事，或者可以在任何的時間裡面擺脫懈怠的心情，讓他們精神抖擻的投入到理智以及他人教導的事情當中去，要做到這一點，可以在孩子精神懈怠、不想做任何事情或者想做其他事情的時候嘗試一下，想辦法讓孩子努力去做一些指定好的事情。憑藉這個方法，可以讓孩子可以習慣於管控自我，在必要時可以將之前的想法或者事情放下，自願或者毫無波瀾的去做新的而且不心甘情願去做的事，那麼，這種方法在未來為孩子帶來的好處，比

要求孩子學習的很多其他事物所帶來的好處要多得多。

　　孩子都是開朗好動的，但凡有事做，他們就會立刻動手去做，至於具體去做什麼，有時他們是完全不在乎的，假如對於孩子的外在的鼓勵和強迫是相同的，那麼跳舞和跳房子遊戲在孩子的眼中將毫無分別。也就是說，對我們想讓孩子學習的事物而言，最艱難且唯一的障礙就是，孩子是被命令去學習的，學習已經被孩子視為一種職責，並為此受到了壓制與責罵，這就讓孩子做這件事的時候總是膽戰心驚；或者，當孩子心甘情願的去做這件事情時，卻讓孩子做很長時間，讓孩子感到筋疲力盡；這一切的做法都過度的侵害了孩子對於這件事情本身的熱愛以及原本就存在的自由。孩子可以對一個普普通通的遊戲裡面產生強烈的興趣，其真正的原因就是自由。假如可以讓教育方法式實現徹底的改變，你就會注意到，孩子也會快速把自身的做法做一個改變；特別是當孩子看到自己尊敬的、比不上的、視為榜樣的人時，就更是如此。如果讓孩子在看到他人所做的事情時能讓孩子逐漸的明白那是年齡比較大和地位比較高的人所具有的特權；那麼，欲望、上進心以及想要和地位比較高的那些人不相上下的野心，將會推動孩子更加努力工作，讓孩子精神抖擻、快樂前行；這種快樂是由於孩子自身有這種欲望，想要去工作而產生的，孩子獲得了自己所熱愛的自由，這對孩子來講是一種極大的鼓勵。此外，假如在聲望這個方面也能獲得滿足，那麼我認為其他的督促孩子努力的激勵手段就可以暫且不用了。我認為，為了將某種目的達成，最開始確實是需要隱忍、技巧、平和、專注和小心翼翼。但是，假如孩子的

教育不用再耗費心神，那麼還有必要聘請導師嗎？而且只要這一點能夠做到，之後所有的事情都會變得相對容易，這也是任何嚴苛與獨斷的管教方式所做不到的事情。我認為做到這一點並不困難，只要孩子身邊有優秀的人做榜樣，我堅信這並不會很困難。所以我覺得，唯一較大的危害是不要有人在孩子面前做出壞榜樣。

　　就像盡量不要用棍棒懲罰孩子一樣，我覺得任何經常對孩子進行責備，特別是嚴厲指責，這些與棍棒懲罰所產生的不良後果也是差不多的。這會把你作為父母的威嚴以及孩子對父母的尊重同時降低；你要知道，孩子在很小的時候就可以把憤怒和理智區分開來，而且孩子對於那些源於理智的事物是非常尊重的，與此同時孩子會快速的無視憤怒；縱然孩子能夠暫時的被憤怒征服，然而這種征服的力量會快速的蕩然無存；由於本能所致，孩子很快就會無視這種失去理智與裝腔作勢的威脅。只有當孩子真的做了罪惡的事情的時候（孩子在幼年時期幾乎不會做），才值得父母對孩子加以懲罰，假如孩子做了錯事，要將孩子犯的錯誤改正過來，那麼只要給孩子一點教訓就可以了；縱然有的時候必須要對孩子進行責罵，然而責罵的言語也一定要莊重、隨和、具有威嚴，一定要告訴孩子他們到底哪裡不對或者哪裡不合時宜，而不應該僅是責備孩子幾句匆匆了事；如果這樣，會讓孩子無法分清你憤怒的原因到底是對他們本身生氣多還是對他們所犯的錯誤生氣多。嚴厲的指責經常會摻雜一些粗魯卑劣的詞語，這樣做會產生非常不好的結果，那就是會將這些粗魯卑劣的的詞語同時教給孩子，而且相當於默

認了孩子可以這樣去說；既然這些粗魯卑劣的詞語是父母或者師長教給孩子的，那麼孩子使用這些粗魯卑劣的詞語也就有了一個很好的依據，因此孩子會把這些粗魯卑劣的詞語用在旁人身上，並且不會有任何的羞愧感或者顧慮。

講到這裡，我知道一定會有人不贊同，他們會說：如果孩子犯了錯誤，既不可以去打、也不可以去罵，那麼應該怎麼辦呢？這樣的做法是否相當於把束縛所有混亂的韁繩鬆開了？實際上，我們只要從最開始教育孩子時，就使用正確的方法，並且如前面所講的一樣，及時將孩子對父母的尊敬之心培養起來，那麼所有的事情就不會弄到如此田地。透過長時間的觀察，你會發現，假如孩子在被打罵時所害怕的或者所受到的懲罰僅僅是棍棒造成的身體上的疼痛，那它所帶來的好處並沒有很多；因為這種身體上的疼痛會很快消失，孩子對這種疼痛的造成記憶也會快速消失。

然而，有一種錯誤，我認為也就只有這種錯誤，孩子是一定要接受棍棒的懲罰的，那就是固執甚至是反抗。即使是在這種狀況之下，我的看法還是盡最大的可能讓打罵帶給孩子的羞愧感遠遠超過身體上的疼痛感。唯一真正符合德行約束的是，犯了錯誤，為自己受到的懲罰感到羞愧。

假如孩子被責打卻並不為此感到羞愧，那麼棍棒對孩子所造成的疼痛很容易就會消失，而且被忘卻，甚至在不長時間之後，孩子就會因為習慣了被責打而不會懼怕責打本身所具有的威懾力量。我知道有一家名門望族，其管教孩子的方法是讓孩子懼怕脫鞋，就像其他孩子懼怕棍棒一樣。我認為脫鞋這樣的

懲罰要好於打罵孩子；這是因為，如果你想讓孩子具備真正光明磊落的秉性，那麼孩子最應該懼怕的一定是羞愧於做錯事情以及隨之而來的羞恥感，而並非是身體的疼痛。然而固執和反抗是應當使用強力或者棍棒方法去戰勝的，因為除此之前別無他法。

不管什麼事情，假如你已經命令孩子讓他去做或者讓孩子千萬不要去做，那麼必須要讓孩子服從不可；這種時候不可以做出一絲一毫的讓步，也不要允許孩子有任何的反抗。假如你吩咐，孩子反抗，造成一種你與孩子之間彼此用詭計爭勝負的場面，那麼這種時候你就必須要貫徹到底，假如用眼色或命令依舊毫無效力，這種時候就必須使用棍棒方法了；除非你願意在今後的日子裡一直順從你的孩子。

我認識一位和藹可親及謹慎的母親，有一次這位母親就遇到了這種狀況，小女兒剛剛回到家中，她因為一件不是很重要的事情要讓女兒服從自己，在那天早上一共打了女兒八次，才徹底的將女兒的固執與反抗消除。如果這位母親提早一刻鬆手，比如在打到第七次的時候就不再繼續打了，那麼她就從此將這個孩子毀掉了，這是由於這種不完全的方式只會讓孩子的驕氣不斷增長，這在今後也是非常難以改正的；然而這位母親非常聰慧的把這種做法堅持到底，直到將這種懲罰方法的唯一目的達成，就是女兒的心靈被戰勝、意志變得服從，因此於這一次機會當中，這位母親已經徹底的把自己的威信樹立了起來。從此往後，不管任何事情，她的女兒都會馬上順從母親的吩咐；雖然這位母親是第一次打罵女兒，但我堅信這也將是最

後一次打罵她的女兒。

在孩子第一次應該受到打罵之苦時，就一定要在徹底的將目的達成之後再停止，否則之後還要逐步將打罵升級，應當讓這種打罵造成的痛苦戰勝孩子的心靈，將父母的威嚴樹立起來；威嚴樹立起來之後就要採用一種嚴厲當中帶有隨和的態度，並讓它一直持續下去。如果大家能夠認真的想一下這個道理，那麼就會十分小心的採用棍棒教育方法，而不會再覺得棍棒教育方法是一種萬全之策，能夠隨時胡亂使用。

確實，棍棒教育方法假如無法發揮良好的效果，那麼將會造成不良的危害，假如這種方法不能夠觸及內心，讓意志變得輕柔，那麼將會讓做錯事情的孩子變得固執無情；不管孩子受到了多少由棍棒造成的痛苦，也只會讓孩子更加油鹽不進，這是由於這種頑固不化已經讓孩子獲得這次的勝利，所以會導致孩子會再一次去計劃獲得這種勝利。所以我堅信，原本很多能夠成為溫柔良順的人，因為不正確的懲罰方式，最終造成了頑固不化的脾氣秉性。這是因為，如果你這樣怒不可遏的懲戒孩子，似乎僅僅是為了懲罰孩子所犯的錯誤，但是這種做法對於原本應該加以改矯正的內心到底可以發揮怎樣的作用呢？

如果孩子所犯的錯誤中沒有頑固不化的脾氣秉性或者刻意的成分，那就壓根無須使用嚴苛的棍棒懲罰方法。一種隨和的或嚴厲的勸告就能夠改正孩子因為意識薄弱、大意健忘或毛手毛腳所導致的錯誤，孩子需要的也不過這樣而已。然而假如孩子的意志當中真的含有執迷不悟的成分，假如還是一種存心的、刻意的對抗，那麼懲罰的程度是絕對不可以根據孩子所

做錯的事情的大小而定，而應當看孩子對父母的吩咐到底不尊重、不順從達到了怎樣的程度；父母一定要讓孩子一直嚴格的執行他們的吩咐，否則就要持續的打罵，直到打罵的力量直達孩子的心靈，你可以從中看到一種真正的悔悟、愧疚以及心甘情願的順從。

自然，打罵不應該只是命令孩子去做一件事情，如果孩子一旦沒按我們的命令去做或者做得沒有達到我們的預期，那麼就給孩子一頓打罵，這是不應該的。我們還應該小心謹慎和注意觀察，而且應該仔細研究孩子的性情，認真分析孩子所犯的錯誤，才可以對孩子進行這樣的懲罰。這樣的做法要比手中時刻拿著棍棒，並將它作為管教孩子唯一的方法好很多。不分場合的胡亂使用棍棒、使用這個最後的有效方式，等到不得不使用棍棒時，這種方式也就不具有任何的效力了，難道這樣做是件好事嗎？假如每當孩子犯了錯誤，不分大小，便是非不分的就對孩子進行打罵，難道除此之外就沒有什麼其他的方法了嗎？倘若一個性情溫柔、努力勤勞的孩子把一本書的索引查錯了或者寫作文的時候用錯了一、兩個字，使用棍棒狠狠的打孩子，那麼這與對一個頑固不化的孩子存心做錯事情的時候所受到的對待是一樣的，這怎麼可能對孩子的心靈產生良好的影響、讓他走上正道呢？改正孩子的內心是我們唯一應該探尋的事情；只要內心向正道走去，那麼所期待的所有事情都將隨之到來。

假如孩子的意志方向不正確，但又無須改正的情況下，那麼棍棒方法也沒有必要去使用。至於其他各式各樣的錯誤，

只要孩子的內心不存在問題，也不去對抗父母或者老師的管教與威嚴，那這樣的錯誤就僅是普通錯誤而已，可以不去進行理會；縱然要去理會，也僅僅是用隨和的勸誡方法去干預。教導與訓誡就足夠了，除非孩子反反覆覆的存心不予理會，這就表示問題源於內心，不順從的根源出於意志，造成了孩子的頑固不化。然而一旦發現了出於心靈的頑固不化即公然對抗的時候，我們一定不可以假裝不了解或者不予理睬，而一定要在它第一次被發現時就對其進行克服和控制，只是一定要小心謹慎，以防出錯，一定要看清楚它確實是頑固而並非其他的事物。

可是，既然應當盡量阻止這樣的懲罰，特別是棍棒懲罰，那麼我覺得就不應該經常對孩子進行這樣的懲罰。孩子只要具有我所講過的敬重之心，那麼在絕大多數的狀況之下，只要給孩子一點眼色就可以了。而且，我們也不應該期待尚且處於幼年的孩子和年齡較長之人擁有相同的行為舉止，相同的威嚴與努力。就像我說的一樣，但凡和孩子的年紀相符的幼稚無知的行為，都應當被允許而不要去多加理睬。毛手毛腳、喜歡快樂就是孩子幼兒時期的特徵。我覺得我之前講的嚴厲的方法不應當被擴大為這種不合時宜的管教，也不應該將孩子的年齡或者脾氣秉性的本能產物倉促的定義為油鹽不進或者存心反抗。就這樣的錯誤而言，我們應當將這樣的孩子當成天生的弱者，並去幫助他們改正弱點；這樣的弱點在提醒之後，縱然重新出現，也絕對不可以覺得是由於忽略的原因，而馬上將其視為油鹽不進。意識微弱所產生的錯誤誠然堅決不應該被忽略，不應

該被置之不理，然而除非這樣的錯誤當中含有刻意的因素，否則就不應該被誇大其詞、對孩子責罵得太過厲害，而應該在時間和年齡能夠允許的範圍內，用一種溫柔的方式讓他們徹底的改正錯誤。這樣一來，孩子就可以了解所有的錯誤當中最主要的令人厭惡的地方到底是什麼，進而學會怎樣去把那種錯誤避免和改正，這樣就讓孩子保持具有正當的意識；要竭盡全力的讓孩子了解，正當的意識能夠讓他們不至於遭遇任何極大的痛苦，而孩子其他所有的弱點都會獲得老師和父母的關懷與幫助，而非是憤怒與震怒。只要不讓孩子接觸到罪惡、養成邪惡的脾氣秉性，孩子在每個年紀所表現出來的言行舉止通常都是與孩子的年紀、日常交往的朋友相符合的；同時隨著孩子年紀的增長，也就會更加的用心與勤奮。然而，在任何時候父母的話應該一直具有分量和威嚴，只要你叮囑過孩子不讓他去做某件幼稚的事情，你就必須做到，且不能讓孩子占上風。但是我依舊認為，在這樣的狀況下，除非孩子的言行舉止有罪惡的傾向，否則當父母的人應當盡量少用權力，以及盡量少下命令。我認為除此之外還有其他更好的辦法能夠將孩子制服：只要在開始的時候，孩子能夠服從你的意志，那麼在很多情況下，隨和的勸說效果會更好。

（九）孩子的自然傾向、要求的合理性及應對方法

我曾經說過，孩子是渴望並且酷愛自由的，所以在這一點上我們應該正確的引導他們，讓他們去做更適合於自己的事情，而不要讓他們覺得自己受了任何約束。在這裡我還要明確

一點，那就是他們所喜愛的另一件事 —— 統治：而這也是在日常生活中經年累月自然形成的不良習慣的根源。孩子對於權力和統治的痴迷很早就已經表現出來了，尤其表現在下面的兩件事情上。

第一件事就是我們可以看到孩子在降生之後，還在牙牙學語的時候，就會為了滿足自己的願望而不停的哭泣、耍性子、鬧彆扭、不開心。因為他們想要別人來滿足自己的願望，試圖讓周圍的人都隨時隨地照顧他們，尤其是那些年齡和地位跟他們相差無幾或者比不上他們的人，他們只要轉一下眼睛就能夠看出其中的區別，就會這樣去做了。

另外一件表現出他們熱衷於進行統治的事情，是他們想要把所有的東西都收歸己有。小孩子是爭強好勝的，他們想要占有自己所看到的一切事物，而且會為了所得到的權力以及爭奪來的、必須屬於自己東西的處置權而感到無比開心。如果你們沒有注意過孩子身上表現出的這兩種心理狀態，那麼可能你們根本就沒有注意孩子的行為。這兩種心理就像是魔鬼，擾亂著人類正常的生活，是一切不公正與競爭的罪惡源頭。如果人們簡單的認為這種渺小的心理狀態根本不需要過分重視和及早根除，那麼他們可能就錯失了為一個善良而有價值的人奠定基礎的最佳時機。為了達到這一目的，我想下面幾點是可以幫助我們的。

我曾說過，孩子想要迫切得到的東西絕不可以讓他得到，他哭鬧著要求的東西也不能夠讓他輕易得到，甚至是他所提到過的東西也是一樣。不過這樣的說法可能會引起家長們的

誤會，讓別人以為我的意思是不可以讓孩子向父母索要任何的東西，覺得這樣的做法對孩子非常殘忍，束縛了孩子的精神世界，對孩子與父母彼此之間的愛和感情造成很大的嫌隙。當然，事情並非如此，這些猜測也是毫無依據的，在這裡我也詳細的解釋一下這幾句話的含義。孩子理應有這個權利和自由——向父母訴說自己的各種需求，父母們當然也要善於傾聽孩子的訴求並盡量滿足他們的各種需求，至少在孩子年幼時是應該如此的。但是，「我餓了」與「我要吃烤肉」是兩種完全不同的意思。孩子訴說了自己的需求、訴說了他們所遭受的飢餓、口渴、寒冷或者其他痛苦，父母以及關心他們的人就有責任與義務去解決他們的問題、緩解這些的痛苦，但是問題如何解決、痛苦如何緩解，需要哪些物資，是應該讓父母們去挑選和安排的，而絕不是讓孩子自己提出要求。一旦他們提出這種要求，不管他們要什麼，都不能讓他們得到。

在這裡，父母應當注意的是區分他們的需求，到底是出於愛好，還是自然的需求；賀拉斯在接下來的這句詩裡就很好的闡述了這一觀點：

得不到的東西往往最令人痛苦。

凡是真正自然需要的東西，沒有理智或其他因素的干預，僅憑自己的力量是無法抗衡的，也無法抗拒它們的到來，比如生病、飢餓、口渴、寒冷、失眠，以及疲憊的身體不能得到充分的休息或放鬆等等，這些所引起的各種心靈或肉體上的痛苦，是每個人都能夠親身感受到的，就算是內心足夠強大的人也不能夠避開它們所帶來的不適。所以我們應該用正確的方

法來消除或者緩解它們所帶來的痛苦。當我們最開始遇到它們的時候，情況還沒有那麼糟糕，就算是耽誤一點時間也並不會造成不可彌補的危害，此時我們應該做的就是靜下心來、穩住心神、切勿急躁，一點點的處理它們。自然的需求所帶來的痛苦其實是對我們的示警，此時我們應該抓住它給我們的重要資訊，小心應對著隨之而來的更大的危害。所以這種痛苦是我們不能置之不理的，但是聰明的人可以讓孩子適應這種艱難困苦，讓孩子的身心變得強大，這對孩子也是極為有益的。在這裡，我也不用再提出任何的建議與警示，去要求孩子受到的鍛鍊一定要限制在某種有益的範圍之內，要求孩子所受的苦既不會挫傷他們的積極性，也不會損害他們的身體健康，因為父母們的做法只會更加溫和。

但是，從自然需求的角度來看，我們無論付出多麼大的代價，都要滿足孩子。而愛好的需求卻恰恰相反，它是家長們避之唯恐不及的要求，如果條件允許，最好連提都不要提起。如果孩子們提出這樣的需求，我們會立刻阻止他們。就好像當他們需要衣服保暖時，我們一定會立刻滿足他們的要求；但是如果他們所提出的要求是關於衣服的款式、顏色以及材料等，那我們就絕不允許，也絕不會滿足他們。我並不是在要求孩子們的爸爸媽媽一定要在這些不大不小的事情上跟子女們唱反調；正好相反的是，只要子女們的行為舉止是值得提出要求的，而且他們提出的要求不但不會顛覆他們的精神世界或者讓他們的精神變得更加脆弱，也不會讓他們去熱衷於一些瑣碎的小事情，那麼我覺得家長們就應該盡全力去滿足他們的要求，讓他

們滿意，讓他們了解正確的行為是可以得到支持和快樂的。但是對於孩子來說，忽略這些小事才是正確的行為，最好是根本不要讓他們的精力和快樂放在這些無用的東西上面，也不要讓他們的快樂建立在對愛好的支配上，而要讓這些事情進行得順其自然。這是作為他們的父母和老師理應追求的終極目標；但是在這一目標還沒有完全達到之前，我還是會反對孩子們的一些要求，因為孩子所要求的那些華而不實的東西是永遠都不應該被滿足的，我們也有理由約束他們。

　　愛子心切的父母們對孩子多少都會嬌慣一些，因為他們感覺這種做法對孩子來說過於嚴苛，但事情並沒有超過必要的界限。因為我所提出的各種方法都是用理性的角度來解決問題，而不是傳統的棍棒式教育。那麼以這種方式來約束孩子的發言權，對於建立我們在其他地方所提及的敬畏之心、建立孩子對父母應有的尊敬和崇拜是大有裨益的。其次，這樣的做法可以幫助和教導孩子學會克制自己，控制自己的喜好，掌控自己的人生。他們也因此可以學會抑制自己欲望的技巧，每當有欲望萌芽、他們可以在最佳的時機克制住原始的衝動。人類的欲望往往會因為有了發洩的管道，而變得異常活躍且強烈。換言之，若一個人勇於把自己的願望公諸於眾並且作為要求提出來，那麼他一定是認為這個要求是需要被滿足並且一定要實現的。我無比堅信的是，一個人可以毫無顧忌的拒絕任何人，但是未必會容忍任何人拒絕自己。因此，孩子應當儘早習慣運用自己的理智去選擇自己的愛好，不要過分放縱自己的欲望，不要一味的要求別人。抑制自己的內心欲望，不將這些說出口，

是我們邁向成功的一大步。孩子如果養成了這種良好的習慣，可以控制住自己的一時衝動，在愛好面前可以學會隱忍，在說話之前能夠先用心思考一下語言的正確與否，那麼在今後，在遇見其他重大的事情上，這種習慣帶給他們的便利是無法言說的。還有一件事，我要再次強調，那就是就孩子的每一個行為，無論涉及什麼事情，是大事情也好、是小事情也罷，我們主要或者必須應當考慮的是，它將對孩子的心靈造成什麼樣的影響；它會讓孩子養成什麼樣的日常習慣；當孩子漸漸成長起來，這些影響或者習慣是否還會適合他，如果對他的某種行為加以鼓勵或支持，當他長大成人之後，那是否能夠把他引入正途。

　　所以，我的意思是並不是故意把孩子弄得全身都不舒服，這樣做也未免不太厚道、過於惡毒了，而且孩子也會受到這種行為的錯誤引導。我們應該正確引導孩子去克制自己的內心的欲望，讓他們養成可以控制自己的欲望、磨練自己的身體的習慣，從而讓自己的身體和內心都變得充滿朝氣、安穩舒適和強健有力；而這一切都不會讓他們感到一絲絲惡意。當他們不順心、得不到自己想要或者謀求的東西時，會讓他們學會謙虛、服從和隱忍；用孩子喜愛的東西作為對他們謙虛和沉默的獎勵，能夠使他們體會到教育者的良苦用心以及對他們無私的愛。現在的他們能夠擺脫自己的私欲、安於現狀，也是一種美德；這種美德可以讓他們在某個適當的時機獲得自己所中意的東西，以此作為獎勵；而這種獎勵也應該是一種良好的行為結果，而不是有著某種交換條件的交易。但是，如果他們能夠輕

易的從別人那裡得到他想要的而且是你曾經拒絕給予的東西，那麼你所做的一切努力都將化為泡影，而且還會失掉他們對你的愛和崇拜。所以這種情況是我們必須要制止並小心防備的。

如果能夠從很小的時候就開始利用這種方法來教育孩子，讓他們習慣於隱藏自己的內心欲望，不輕易暴露在別人面前，那麼這種良好的習慣便可以使他們安穩下來；以後隨著年齡慢慢增長，做任何事情也會謹慎行事，用理智去代替情感，他們也可以在很多方面得到較大的自由；因為用理智所說的話都是應該聽從的。當孩子說要某一件特定的東西時，除非這件東西是你此前已經向他們許諾的，否則絕對不可以聽他們的；相反，當他們想要了解某種東西而發出提問、想深入了解它的情況時，家長們就應該細細聆聽他們的想法，站在一個公正的位置上用耐心和理智去回答他們的問題。孩子的其他欲望是我們要加以控制的，但他們的好奇心卻是我們要小心保護和呵護的。

不論我們採用何等嚴厲的手段去對待孩子對某種事物的欲望，有一種情況是一定要被允許並且要認真聽取意見的。就如同工作或者食物對於人們的作用一樣，消遣也是一種必不可少的東西。但是消遣總是伴隨著快樂，而快樂卻不一定永遠伴隨著理智，相反，它依靠欲望的時間要更多一些，所以我們不是不能允許孩子去放鬆和娛樂，而是覺得他們應該按照自己的方式去娛樂，且這樣的娛樂方式應該是單純無害的 —— 不會對他們的身體健康造成危害；因此，在消遣娛樂的情況下，如果孩子提出某一項的消遣，我們是不應該拒絕的。雖然我認為，

如果家長們採用的是適合孩子的教育方法，孩子是幾乎用不著有這種要求自由的想法的。家長們也要特別注意一點，只要是對孩子有益處的事，一定要讓他們開開心心的去完成；但在他們對某些有益的事情感到厭煩之前，應該及時轉移他們的注意力，去做另一件有益的事情。

不過，如果他們還沒有達到完美的程度，沒有讓某種進步的方式成為他們消遣的方式，那麼就應該徹底放鬆，讓他們去做自己喜歡的事，例如一些大人看起來特別幼稚的遊戲；在做這種遊戲時應該一直讓他們不受干擾的做下去，直到他們做得太多感到厭煩之後而再也不想去做了；但是在他們去做些有益的事情時，我們則要留下些懸念讓他們有所惦念而不斷回味，最不理想的狀況也是要在他們還沒感到疲憊、也還不至於達到厭倦感覺之前就讓他們放手，使他們再一次想起時還能保持初次動手的新鮮感，那麼做起來也會更加開心。因為，除非孩子能夠發自內心的、開心的去做對他自己有益的事，除非交叉進行身心鍛鍊使得他們的生活和進步在放鬆的消遣中變成了一種快樂的事情，與此同時，疲憊的部分也得到了休息和恢復，否則你絕不能認為他們已經上了正軌。我不知道是否所有脾性的孩子都能夠達到這種境地，我也不知道老師和父母們是不是都會努力、謹慎且耐心的使孩子們去達到這樣的境地；不過我堅信，只要辦法正確，想讓孩子得到其他人的信任與尊重、想要得到讚揚與美名，那麼大部分孩子是可以達到這種境地的。當孩子從此擁有了更多的真實的生活經歷之後，便可以無所顧忌的與他們探討一些最能使他們感到快樂的事情，引導他們或

者放任他們去做那些讓他們快樂的事情；這樣一來他們便會明白，自己受到的是關愛和呵護，那些管束和教導他們的人，並不只會反對他們得到欲望的滿足，這些人不是自己的敵人，而這樣的教導也會使他們用心愛這些指導他們的人，愛他們被指導去做的事情。

在消遣方面讓孩子擁有選擇的自由還有一個最大的好處，那就是可以挖掘他們的才能、了解他們天然的脾性、顯露他們的興趣愛好，從而可以讓父母更輕鬆的為他們選擇更適合他們的生活和事業。與此同時，如果及時發現孩子性格中存在著任何的劣根性或者易於把他們引入歧路的東西，也可以為很快找到補救辦法，從而去解決問題。

第二，孩子們在一起玩耍的時候，都希望自己高人一等、用統治的態度去對待別人，也喜歡用自己的意志去支配其餘的人，這也是我們要制止的一個問題；無論是誰以這種理由發起戰爭，都要受到嚴厲的制裁。不僅如此，還要教他們懂得人與人之間應該彼此尊重，學會謙卑有禮、和藹待人。他們一旦理解了這個問題，明白這種美德可以讓自己得到他人的尊重、關愛與重視，同時也不會影響自己在他人眼中的形象地位，他們就會更加喜愛這種美德，並且會努力做到，而不會再用那種盛氣凌人的態度去對待別人了。

孩子們之間偶爾互相打鬧、打小報告，通常情況下不過是一些情急之下的怒火和報復的吵鬧，目的不過是想得到別人的支持，然後站在自己的一邊。但是這種想法是不應該被接納、也不應該被聽取的。一味縱容他們抱怨、委屈會使他們的精神

世界變得脆弱、想去依靠別人；如果遇到一些打擊或者在外面受了別人的氣，不會讓他們感到奇怪或是不可容忍，能夠讓他們從容面對、隱忍不發，那麼這樣良好的特質和忍耐力的鍛鍊，對他們是有利無害的。顯然，告狀的行為是不被允許的，也不應該支持和鼓勵告狀的一方，但是我們卻仍然要去制止侵害一方的武力蠻橫與惡意。如果家長們是親眼目睹了整個爭吵過程，那麼你就一定要當著受害者的面嚴厲斥責；但如果所告發的事情確實是要去關心和注意的，為了讓它不會再次發生，就要迴避告狀的一方，單獨對犯事的人加以訓斥，然後再讓他去向對方道歉賠罪。透過這樣的方式去賠禮道歉，看上去就像是犯事的人認知了自己的錯誤，自願去向受害方道歉，於是他也會比較願意去做，而對方也會比較容易接受，那麼最後的結果就是兩人之間的感情可以得到昇華，而你的孩子們也會越來越懂得禮貌待人。

第三，關於得到和占有一些物品，家長們要教導小孩子把自己的東西分享給朋友，不應該感到為難，也不應該感到吝嗇，要讓他們從與其他小朋友的交往中了解和總結到，最慷慨的人雖然付出很多，但是得到的更多，而且還可以從日常的小事中逐漸獲得別人的尊重與稱道，這樣他們就能夠很樂意的學著去做了。我覺得，相比於那些經常讓孩子頭昏腦脹的數不清的規矩，這種辦法可以讓孩子們更懂得與兄弟姐妹和朋友們之間如何更有禮貌的相處，也可以增進彼此之間的感情，甚至可以對別人也更加的禮貌和溫和。貪婪、占有、妄想一些不屬於自己的東西，是一切罪惡的源頭，應當及早的剷除這些錯誤

思想，而那種樂於幫助、贈與他人的特質，則是我們應該大力提倡的。這種特質是可以積極鼓勵的，家長們也可以毫不吝嗇自己的讚美之詞去誇獎他們，但是有一件事要時刻留心，不能讓孩子們因為慷慨而受到任何損失，或者在心靈上受到什麼傷害；慷慨大方的事情無論做過多少次，都是應該得到豐厚的獎勵的；我們就是要讓他們深刻的感受到，對別人的好，也是對自己的好，不會因為自己付出而吃虧，也會讓接收到他好意的人與旁觀的人友善的對待他。但是如果讓孩子們去比較誰更加慷慨，就會破壞這件事的本來目的，他們就會去互相競爭；而採用這個辦法，孩子在經過不斷的實踐之後，就可以毫不為難的放棄屬於自己的東西，讓他們養成厚道、寬容的做事習慣。他們也會因自己能夠和善待人、慷慨大方、彬彬有禮而感到快樂，為自己感到自豪。

假如慷慨大度是應該予以鼓勵、大力提倡的，那麼我們更應該注意的是不可讓孩子違背公正的原則：無論什麼時候、無論做什麼事，都應該秉承公正的原則、如果他們違背了這個原則，我們應當及時糾正，如果有必要，還應該進行嚴厲的訓斥。

我們在最開始教育孩子的時候，大多數時候情感的思想超過了理智的態度，所以孩子做事情是很容易偏離是非標準的，當然這樣的結果我們也不會感到很驚訝。每個人心中的是非標準應該是成熟的理智、認真的反省共同作用的結果。孩子們越是容易弄錯和誤解這種標準，我們就越應當注意他們這方面的思想然後進行防範；如果是在重大的社會道德方面，任何細小

的偏差都是不被允許的，必須加以防範並及時糾正；就算是最
輕微、最細枝末節的小事情上也是不能含糊其辭的，這樣做既
是為了教育他們的無知，也是為了防止養成不良習慣；每件事
情在開始時一般都是些無關緊要的小事，但是如果任其自然，
就會發展為性質嚴重的欺騙，最後一點一點的就會轉變為非常
明顯的、不知羞恥的、充滿謊言的危險行為。孩子第一次出現
不公正的表現時，父母和老師就要及時控制住，對他的這種行
為一定要表現出驚訝和憎惡，同時讓他們克服這種行為習慣。
不過孩子在沒有進入社會、還不明白什麼是財產、不懂得它代
表著什麼、也不明白人們是如何努力獲得屬於自己財產的時
候，是不可能真正理解何為不公正。所以，讓他們誠信待人最
安全、也是最簡便的方法就是提前打下誠實的基礎 —— 以慷
慨無私為基礎，不論對別人付出多少，都不會覺得為難。這是
可以儘早灌輸給他們的思想，也是在他們尚未形成系統的語言
能力和理解能力、還未形成明確的財產概念、還未徹底明白有
些東西如果尚未明確權屬就不屬於自己的時候，便應當傳授給
他們的。既然孩子所擁有的物品幾乎都是贈品，而這些贈品幾
乎都是由父母送給他們的，那麼一開始就可以用這一點來教育
他們，讓他們明白，他們所擁有的東西只能來自有權利支配東
西的人，除了這個條件之外，孩子們是不可以自己去獲取或者
收藏任何東西的。隨著他們思維能力的增長，家長們也可以一
點點告訴他們關於公正的一些規則和事例，以及「我的權利」
與「你的權利」。假如他們不是因為一些非故意的錯誤而是出
於思想意志上的專橫而做出了有違公正的行為，並經過善意的

責備與提醒之後仍然不能改正這種不正當的貪婪傾向，那家長
們就必須要狠下心來、使用必要的方法進行糾正和教育了；可
以讓父親或老師從他們的手中粗暴的拿走他們極為看重或者認
為屬於自己的東西，或者吩咐其他的人去這樣做；目的就是讓
他們明白，他們自己如果使用不公正的手段去占有別人的東
西，是不會得到什麼好處的，總會有比他們更強大、更霸道的
人以同樣的方式對待他們。不過，循循善誘總是比暴力更可
行，如果能夠及早對孩子動之以情、曉之以理，讓他們從小就
認識到這種行為的可恥、讓他們對這種惡行深惡痛絕，就像我
設想的那樣，那才是真正消除罪惡的有效方法，它比任何從利
益角度出發的行為更能防止欺騙；習慣是潛移默化的，他所起
的作用比理智更加曠日持久、更加管用，其作用的方式也比理
智更加便捷，理智通常在我們最需要它的時候，很少被我們公
平的對待過，經常被感情所左右，甚至連服從理智的機會也少
之又少。

哭泣是孩子身上一種令人無法容忍的缺點。不僅僅是因為
它會使房間裡充斥著令人不快的、不合適的聲音，還因為，即
使從孩子的角度出發，也存在著一些更加重要的理由，而且為
了讓孩子發展得更好，這也是我們教育的主要目標。

孩子的哭泣有兩種類型：一種是倔強的、跋扈的；另一種
是充滿著抱怨、悲傷的。

首先，孩子的哭泣都是有目的性的，通常是為了對別人進
行控制，或者說是他們的蠻橫和任性的一種公開宣示；當他們
尚不足憑藉個人的力量來滿足自己的願望並因此無可奈何時，

他們便用哭泣和吵鬧來代替他們堅持想要滿足願望的權利。這是他們的一種宣洩，也是他們希望獲得某種東西卻遭到拒絕之後，從內心產生了一種受壓迫和遭遇到不公正的抗議。

其次，並非所有的哭泣都是不懷好意的，有的時候他們的哭泣也的確是因為痛苦或者感到悲傷抑制不住的流下眼淚。這兩種不同含義的哭泣，如果仔細去觀察的話，是可以很容易的從他們的神情、動作和哭泣的語調中進行區分的；但是不管是出於什麼理由，這兩種不同的哭泣都是不應當被容忍的，至於鼓勵就更談不上了。

第一，不屈服的哭泣或者想哭卻不哭委屈的哭泣是絕對不被允許的，因為它只是實現孩子的願望的另外一種方式，也是我們要努力去克服的情感；如果像平日裡毫無章法的去處理這些問題，孩子受了責罰就讓他放肆的去哭，那麼責罰的意義就不復存在了，與此同時產生的好處也就會被抵消了；責罰所引起的反應如果只是他們這樣公然的與家長們抗衡，那麼結果只會使他們變得更糟。如果孩子受到的這些約束和一系列的懲罰無法克服和磨練他們的意志，不能引導他們去努力控制自己的感情，也不能讓他們發自內心的去服從自己的父母、遵循理智所給予他們的教育，使他們將來只服從於理智的引導，那麼，這些所謂的教育、約束和懲罰就沒有了用武之地。而且如果孩子遇到一點挫折就逃避、委屈哭泣，更是讓他們有理由堅持自己的願望，助長他們的壞脾氣和不良風氣，同時也是明目張膽的對外公布他們所謂的權利和決心，讓他們一有機會便會使用各種辦法來滿足自己的願望。所以，這一點也恰好可以作為我

反對經常對孩子進行棍棒教育的一個理由：一旦事情嚴重到了要使用暴力的極端情況，僅僅責罵他們是遠遠不夠的，你必須不間斷的對他們進行懲罰，直到發現已經攻克了他們的內心，使他們能夠順從並忍耐所受到的責罰，這時才能不再懲罰他們；而這一點，你完全可以透過他們的哭泣以及在你下達命令之後他們是否立即停止哭泣這兩個反應中看得清清楚楚。不然的話，對孩子進行棍棒教育就僅僅變成一種感情用事的殘暴行為，只是讓他們的身體遭到痛苦的懲罰，卻絲毫無法觸及他們的內心，也不能夠對他們的精神產生有益的作用，那對孩子來說就只是一種殘忍而絕非什麼責罰了。與此同時，這些事也給了我們一個理由，那就是教育的作用要優於棍棒。這也說明孩子為什麼應該少受責罰、在孩子遭受責罰的時候應該予以阻止。因為，如果我們在責罰孩子的時候不是感情用事，不是在憤怒之下的責打，不是只讓孩子痛那麼一會，而是冷靜的用理智來有效的解決，在對孩子進行懲罰的時候兼顧孩子的反應、觀察責罵的效果、一旦發現他們表現出順從、悔悟就立刻停止，那麼孩子從此刻起便會小心的迴避那些會招來責罰的錯誤，並且不會再犯，而他們也會少遭受一些類似的懲罰。只要這樣做了，責罰便不會因為次數過少而變得徒勞且無關痛癢；同樣也不會因為責罰得過多而使孩子變得習慣於此，因為當我們一旦發覺孩子的內心由於受到懲罰而有所覺悟之後，便可以立即停手。對孩子的打罵當然是越少越好，但是人們在盛怒之下還是很少會控制自己的情緒去遵守這個原則，通常都會做出過分的事，但從結果來看，這樣做的效果還是不明顯。

　　第二，大多數的孩子只要受到一點點小傷害就會委屈哭泣，大部分的孩子都是這樣。那是因為孩子在學會說話之前，哭泣是他們唯一能夠表達自己的痛苦、委屈或者願望、需求的方式，儘管哭泣中的孩子的確能勾起我們的同情心，但是這種同情只不過是從另外一個愚蠢的角度去鼓勵他們哭，使他們一直持續這個習慣，直到他們學會說話。我不得不承認，孩子受到傷害確實是一件令人同情的事情，而且周圍的人也有義務去關心他們，但是卻不應透過這種方式來表達對孩子的同情。我們應該盡量去幫助他們，寬慰他們，但是絕不能因此為他們悲嘆不已。一味的悲憫只會讓他們的內心變得脆弱不堪，讓他們無法承受任何的風浪，遇到一點點傷害就支撐不住；從而會讓他們沉浸於更大的悲傷之中，這只會讓他們把自己的傷口放大，卻無法反省或者變得堅強。但是，實際上他們是應該禁受住一切苦難的──尤其是身體上的苦難，除了骨子裡的羞恥之心與敏感的榮譽心，孩子的內心不應該帶有絲毫柔弱可欺的成分。人生要經歷許許多多的考驗，我們不能敏感的對待每一件傷害自己的事情。凡是無法令我們內心屈服的東西，就不會讓我們念念不忘，也不會對我們造成崩塌性的傷害。唯有內心的強大與堅韌，才是我們對抗各種邪惡和意外情況的絕佳武器；而且這種性格的產生主要是來源於生活中的鍛鍊與習慣，所以我們應當儘早的鍛鍊孩子的這種意志。如果一個人從小就有機會接受這樣的鍛鍊，那麼他真的是很幸福了。精神上的脆弱比肉體上的脆弱更加危險、也更應該及早進行治療，但哭泣卻是讓孩子在精神上病入膏肓的原因；因此換一個角度去思

考，預防孩子精神脆弱的有效方法就莫過於教育孩子如何不哭泣。孩子如果是因為日常中的碰撞和跌倒受了傷，我們不應該去憐憫他們，而是應該收起我們的同情心，讓他們重新來過；這樣的做法不僅能夠止住他們的哭泣，而且比任何責備或者憐憫更能醫治好他們粗心大意的小毛病，也能防止他們再次跌倒。不過，不管他們受到怎樣傷害，都應該讓他們停止哭泣，因為這樣做可以獲得更多的平靜，同時也是他們成長道路上的一種鍛鍊。

對於孩子第一種形式的哭泣，我們要透過嚴厲的手段予以制止；如果一個簡單的眼神或者一個明確的警告無法制止，那麼就只能使用暴力手段了：因為這種哭泣是他們發自內心的驕傲、頑抗以及對願望的執著，而這種錯誤卻是由於意志不堅定導致的，所以就必須要對他們的意志進行修正，也必須透過另一種足以與之抗衡的東西來讓他們屈服、讓他們聽從父母的命令。與之相反的是，第二種形式的哭泣通常源於內心的軟弱，其原因也是截然不同的，因此就不能單純的使用嚴厲的方法來對待，而應當轉而使用一種比較溫和的辦法。對此，一開始也是應該用溫柔的語言勸說他們，或者及時轉移他們的注意力，或是透過開玩笑的方式來讓他們停止哭泣，但是不管使用哪種方式，都要結合具體的情境和孩子的脾氣秉性來綜合考慮。沒有什麼規則是一成不變的，更不能生搬硬套；父母或者老師應該酌情處理。我覺得還可以更加籠統的說，對於這種哭泣的行為，應當讓它永遠遭受白眼，作為父親，應當利用自己的權威，以最嚴厲的態度和語言來制止它，隨著孩子慢慢長大，他

的脾氣會變得越來越倔強，這就更應該嚴屬的管教他們；不過應該掌握好方寸，讓他們在適當的時候停止哭泣。

孩子的勇敢與膽怯，跟前面我提到的孩子的脾氣有著非常密切的關係，所以也應該在這裡探討一下。恐懼是一種情感，如果加以控制並且很好的利用它，就能夠發揮出關鍵作用。由於對自己的愛，我們通常會在內心隱藏著某種程度的恐懼，但有時也會忘記恐懼，而表現得過於魯莽和無畏，可有時又會因為一點點的災禍便嚇得渾身發抖、縮成一團，這些都是解釋不通的。正因為我們保留著內心深處的恐懼，它會時刻對我們發出警告，要我們奮勇努力，讓我們時刻預防災禍的到來。所以，如果真正遇到災禍的時候不知道害怕，無法對危險做出正確的評估，而是衝動莽撞，橫衝直撞，對危險放鬆警惕，不管它是一種什麼樣的危險，也不會考慮這麼做究竟有怎樣的作用或者會產生什麼樣後果，那不是理性動物應有的勇敢，只此說是一種殘暴的獸性。倘若養了一個這種脾氣的孩子，唯一的解決辦法就是喚醒他們內心的理智、讓他們產生一種保護自己的心理，進而服從理智的建議，除非有其他可以左右他們情感的事情發生，導致他們失去了理性、毫無顧忌的魯莽行事。人類天生就崇尚和平、不願意災禍上身，因此我認為沒有人是不畏懼災禍的，沒有人會如此不愛惜自己、與自己為敵和危險做朋友、甚至自願去經歷磨難。恐懼是怎麼誕生的？那只是一種不安的情緒——我們遇到不喜歡的事情時產生的。因此，倘若有人一碰到危險的情況，便不經思考的迎頭往上衝，那麼我們便能夠將他當成一種無知的表現，除非這個人是受到了外界其

他什麼更為強烈的情感刺激。所以，假如是驕傲、虛榮心、憤怒已經使孩子失去了這種恐懼感，或者使他已經不能因為恐懼而聽從勸告，那麼便應該採取一種適當的方法去擺脫這些無用的情感，首先可以讓他消消火氣，使他冷靜下來並且去思考這樣的冒險是否值得。不過這種問題並不會經常出現在孩子身上，所以我也不再繼續談論這個話題，因為孩子精神上的脆弱才是更為致命的缺點，所以更值得家長們予以更多的關注。

堅忍是人類德行的道德保障和精神支柱；一個人假如失去了勇氣，那他就很難堅持盡到自己應盡的義務，也很難成為一個有良好品性、真正有用的人。

勇氣可以讓我們面對自己所擔心和懼怕的危險和災禍，它對於我們這種處處活在艱難之中的人是有很大作用的。所以，家長們最好讓孩子們盡快擁有面對各種困難的勇氣，儘早的獲得這種精神上的武裝。我不得不承認的是，天性在其中發揮了很重要的作用：但即使是天性中存在著不夠強大的缺陷，怯懦、畏懼強權，我們也仍然可以透過後天正確的教育和引導而讓孩子變得果敢剛毅。我們已經談到過，應當如何在孩子年幼的時候，既不讓他們受到恐嚇，也不讓他們因為受到一點小小的傷害就自顧自憐。現在我們要更加深入的去思考的是，如果我們發現孩子的性格中存在著膽小的缺陷，應該透過何種方式去鍛鍊他們，讓他們獲得勇氣。

我覺得，真正的堅韌是，一個人不管遇到怎樣的天災人禍或身處於何等危險的境地，都能夠面不改色、鎮靜自若，穩紮穩打、一步步盡到自己應盡的義務。雖然這種境界即使是成年

人也無法達到、我們更不應該過分的要求孩子做到，但有些事情仍然可以透過努力來實現：聰明的教導和循序漸進也許能夠讓他們達到超乎想像的一番新境地。

在孩子成長階段，由於家長們忽視了在這方面對他們進行更進一步的教導，而導致了他們成年以後很少有人能夠充分具備這種品性和美德。英國人的天性是英勇無畏的，但如果我將堅韌定義為在敵人的面前擁有視死如歸的勇氣，那我是絕對不會說出這番話的。我承認，這種勇於拚死的勇氣對於堅韌的品德來說也是至關重要的，而且我們絕不能否認，桂冠與榮耀應該永遠屬於那些為國捐軀的勇士。但這並非事情的全部，我們所面臨的危險不僅是來自於殘酷的戰場，同時也來自於四面八方；死亡雖然是人人都懼怕的、也是人生中最可怕的災難，然而身體的痛苦、陌生人的羞辱與生活的貧困也是令人無法面對、心生恐懼、無法擺脫的。也許有些人並不會同時面臨所有的苦難，但卻仍然對這些無法預料的災禍感到畏懼。真正的堅韌要時刻準備應付多種多樣的危險，無論遇到什麼樣的災禍、都能泰然處之，歸然不動。但是我並不是說一點恐懼的念頭都不該有。一旦危險降臨，恐懼是不可能沒有的，否則那只能說是愚蠢；有危險就應該感知危險，要有足夠的恐懼之心來刺激我們的大腦，保持清醒的意志、激發我們的注意力、奮鬥力和無限的精力；但是不應該恐懼過度、以至於擾亂我們的理智，也不應該讓它妨礙我們執行理智的指令。

要擁有沉著和冷靜的特質，首先要做的就是按照我在上面所提及到的內容，要在孩子年幼的時候盡力的保護他們、不讓

他們受到任何驚嚇、不讓他們聽到任何使他恐懼的談話、不要讓他們受到外界騷亂的紛擾。因為這些通常會扭曲他們的精神世界，使他們的精神變得混亂、失常，一旦出現這種情況，恐怕就再也無法恢復，而且在他們整個人生中，只要聽到、接觸到、甚至是想到任何與恐怖有關的資訊就會驚惶失措、四肢無力、內心極度不安，整個人變得神思恍惚。那就很難做出任何鎮定或是合理的行動，甚至無法控制自己。我們不清楚這種情形是不是由於第一次的恐怖經歷而使腦海裡那揮之不去的印象變成了具有生命活力的習慣性動作，又或者是由於某種我們無法解釋的原因，導致體質方面產生了變化，但是事實確實如此。這種心靈脆弱怯懦、由於小時候的膽小經歷讓自己一生都受到影響的人隨處可見，因此我們要盡量預防和控制。其次是要慢慢鍛鍊孩子的內心世界，使他們漸漸習慣於他們所懼怕的那些東西。不過你在這裡要格外注意，不能操之過急，也不可過早的使用這種方法，否則一旦使用不當，不但問題無法解決，反而會加重他的病情。如果是還在襁褓中的嬰兒，那就可以很容易的保護好他們的內心世界、不讓他們看見不好的東西，而且，在他們還處在學習如何說話並且只是單純能聽懂別人說話的階段，我們也無法對他們擺事實講道理，無法讓他們知道我們的打算、也無法告訴他們 —— 那些可怕的東西實際上不能傷害他們，靠近那些可怕的東西其實也沒有什麼太大的危害。所以，在他們學會走路、說話、思考之前，這種方法是非常有用的。不過，有些東西是很難避免不被他們發現。假如嬰兒有不喜歡的東西，一瞧見這些東西就表現出驚恐害怕的樣

子，那就必須採取有效的措施來減輕他們的恐懼感，例如適當轉移他們的注意力、替這些看似可怕的東西蒙上一層可愛的外衣等等，一直到他們熟悉了、不再厭煩了為止。其實我們都能注意到，孩子在剛出生的時候，不管看到了什麼樣的東西，只要是對眼睛沒有傷害，他們都是無所謂的；在他們眼裡，也許一個黑人或者一頭恐怖的獅子，比他們的保姆或者一隻貓更讓他們覺得親切。那麼隨著時光的流逝，為什麼小時候不曾害怕的東西，只是形狀和顏色的改變之後就會讓他們感到害怕呢？沒有其他原因，他們只是在了解這些東西之後，害怕對自己帶來傷害。例如，一個孩子如果每天都會更換一個奶媽餵奶，那麼我敢說，等他到了 6 個月大，就不會排斥看到陌生的面孔了。所以，孩子之所以不願意接近陌生人，排斥陌生人，只是因為他們已經習慣於周遭的一切、習慣於從周圍的一、兩個人那裡得到食物和照顧，一旦到了陌生人的懷抱裡，他就會感到自己離開舒適圈、失去了那個使他開心、給他溫暖、隨時滿足他需求的環境，所以保姆一走開他就感到害怕。

我們從出生的那一刻、還沒經歷世事的時候，只會害怕遭遇痛苦或者害怕失去快樂。遭遇痛苦和失去快樂並沒有表現在任何我們所能看見東西的形狀、顏色或者大小等方面，所以我們對於形狀、顏色或者大小之類的東西都是不害怕的，除非這些東西傷害了我們，使我們感受到了痛苦，或者意識到它們將對我們的身體或者心靈造成傷害。小孩子都喜歡火焰的明亮絢麗，總是想讓它成為自己的玩物：但是當他們不斷的被火焰灼燒、弄得滿身傷痕、疼痛不已之後，他們最終會明白火焰的無

情，然後他們便不敢再去碰觸它，而且還會小心的避開它。由此我們就不難發現恐懼是如何產生的，我們便知道對一個不應該害怕的東西應當如何去改變。一個人如果能夠堅強的面對讓自己恐懼的事情，在還不嚴重的情況下能夠把準確的掌握得住自己的恐懼心理，那麼他就可以為以後面對更為真實的危險做好了準備。如果你的孩子看到青蛙就會恐懼，甚至尖叫著跑開，那我們就捉來一隻青蛙，把牠放在距離孩子不遠的地方：先讓他習慣著去觀察牠，等看習慣了之後，孩子對青蛙的恐懼基本上就消失了一半，然後再試著讓孩子走近牠、看著青蛙跳躍；最後等到前期工作都已經鋪墊好，再將青蛙抓住、送到他手上，讓他輕輕的去觸碰牠；如此種種的過程，一樣樣的試過之後、直至他能夠毫無畏懼的撥弄牠，跟牠玩耍，就如同撥弄一隻蝴蝶或者麻雀。採用諸如此類的方法，對於任何不必要的恐懼都可以一點一點克服掉；切記謹慎小心，行動時要找準時機、切莫操之過急，一定不要在前一種恐懼還沒有完全克服之前就急著讓孩子培養新的自信。年輕的戰士就應當以這種方式訓練，之後自信滿滿的走向人生的戰鬥；要注意一點 —— 除了遇到真正的危險，不要把一些微不足道的小事情危險化；所以，只要看到他對不應該害怕的東西感到害怕，你就要在很短的時間內悄無聲息的引導他，直到最後他完全克服了恐懼，戰勝了困難或者受到了讚賞。這種成功克服恐懼的事情如果經常重複出現就會使他明白，災禍、困難並不總是像他們想像出來的那麼可怕或那麼難以解決；避免災禍的方法也不僅僅是躲避，也不是由於恐懼而產生煩憂、沮喪以及停滯不前，榮譽或

責任都激勵著我們前進。

　　既然孩子恐懼的主要因素是害怕遭受痛苦，那麼針對這一問題，唯一的解決辦法就是鍛鍊孩子的承受能力，使他們習慣痛苦。寵愛孩子的父母們通常會覺得，這種辦法對於他們的孩子來說是一件非常不自然的事；而在大多數人的眼裡，為了使一個人不再懼怕痛苦而去讓他數次遭受痛苦，是極為不合理的。人們會說：「這種做法會激起孩子內心的仇恨，他們會怨恨那些使他遭受痛苦的人，但卻無法讓孩子樂於遭受痛苦。這是一個非常奇怪的方法。你不願意看見孩子因為犯了過錯而遭受暴力懲罰，卻要求孩子為了以後的良好行為遭受諸多痛苦和折磨。」對於人們提出的各種反對的理由，我並不感到意外。而且他們還會認為我提出的想法自相矛盾、異想天開。但是我必須要強調一點，這是一件非常嚴謹的事情，因此我知道只有那些思慮周全、對任何事情都要追根究柢的人才會明白我的用意、接受我的主張並且領會它的好處。我不主張孩子因為犯錯誤而受到過多的責罵，是因為我不願意讓他們認為，施加在肉體上的疼痛是最嚴酷的懲罰。同理，我主張孩子在沒有任何錯誤的時候不妨嘗試著讓他們吃些苦頭，因為這樣才可以使他們禁得住困難、習慣於承受任何的痛苦而不把痛苦當作世間最大的苦難。斯巴達的榜樣力量就能夠明確證明，教育可以讓年輕人習慣於承受怎樣的痛苦與磨難：任何人如果不再把肉體上的苦痛看作是世間最大的災難、不把它列在人生中最值得害怕的東西的清單上，就會在德行上獲得不小的進步。但是我並不是要愚昧的在當代社會或者政體中提倡斯巴達人的精神和訓練方

法。我只是想說，可以用緩和的訓練，讓孩子們習慣於承受一定程度的痛苦而不退縮，可以讓他們的精神世界變得強大、讓他們的內心變得堅強、並為他們今後的成長道路打下勇敢與果斷的基礎。

那應當怎麼做呢？

首先，不要一見到孩子遭了一點點的罪就心疼他們或者讓他們自我憐憫。這一點我已經在其他地方說過了。

其次，有時候需要故意讓他們受點小挫折：不過一定要當心，要在孩子心情不錯、並且相信讓他受到傷害的人是出於一片好意的時候，才可以使用這種辦法。這樣去做的時候，一方不可以生氣或不開心，另一方也不可存有同情或者後悔的意思，當然這種痛苦絕對不能超出孩子所能承受的最大限度，不能激起孩子的怨懟、不能讓孩子誤會 —— 被他當成是一種懲罰。我聽說過這樣一個小孩子，生活中他時常會因為別人的一句責備而哭，對別人的態度和看法都會異常敏感，但在改變了教育方法之後，拿捏好了尺度，此後就算有人再他後背重重打上幾下，他也毫不在意，而是會笑嘻嘻的跑開。只要家長們在日常生活中常常去關心和呵護孩子的成長，讓他感受到你真誠的愛，他就會慢慢的接受和習慣你的粗暴對待而不會感到害怕也不會產生怨恨：孩子在玩遊戲的時候就是這樣相處下來的。你越是覺得你的孩子軟弱可欺，你就越應該尋找合適的時機的時候去鍛鍊他。這種鍛鍊也並不是毫無章法可循，其竅門在於，一定要注意孩子的情緒，要選在你與他正玩得高興、讚揚他的時候，從產生影響最小、痛苦程度最低的事情開始，要潛

移默化、一步步的向前推進：一旦他發覺，他受到的痛苦因為他有勇氣的表現而受到了讚賞，那痛苦自然也就消失不見了；當他能夠表示出男子氣概並為之自豪、能夠勇敢面對較小的痛苦、能夠為了勇敢的榮譽而不再逃避、勇往直前的時候，他的成長閱歷也可以帶給他更大的智慧，他就可以克服恐懼膽小、改掉他性格中的缺陷部分。隨著他們年齡的增長，更要讓他們嘗試著去做些天性所不敢的事情；如果發覺孩子們不敢去做的原因只是因為缺少勇氣，那麼我們一定要儘早幫助他們，然後要讓他們心生慚愧進而勇敢去做，直到在實踐中獲得自信、最後把事情做好；如果他能夠勇敢的邁出這一步，那就一定要大大的讚揚他，並且也要鼓勵其他的人。當他能夠透過這樣的方式獲得果敢的性格，不會再因為害怕危險而不去嘗試做自己應該做的事；當他遇到突發狀況，也不再因為恐懼而不知所措、心煩意亂或者乾脆一走了之的時候，他便具備了一個成年人的理性和勇氣；這種理性和勇氣是我們應當努力達到、試圖利用各種機會、透過借助於實踐與日常活動使得孩子獲得的。

我經常在孩子的身上觀察到這樣一種現象，他們一旦發現弱小的動物，就會去拚命折磨牠們。他們因此而變得十分暴虐，總是粗魯的對待手裡的弱小動物，並以此為樂。我想我們應該預防並且防止這種情況的發生，假如他們已經表現出了這樣的暴虐傾向，那麼我們就要把正確的習慣教給他們。因為折磨與殘忍殺害小動物的錯誤習慣會慢慢的使他們內心變得殘忍、對於人類的態度也會變得不和善、做任何事情心腸都會變得硬起來；而那些虐待與摧殘弱小動物並以此為樂的人也一定

不會對其他人抱有任何同情心或表現出和善的。就好像屠夫有
處置動物的權利，卻沒有資格參與生與死的審判，就是因為這
一點。孩子的教育內容應該從一開始就加上敬畏生命這一課，
要讓他們對殺害或者折磨任何生物都感到恐懼，要教導他們不
要毫無理由的去破壞或者損毀任何東西，除非是為了一些更加
高貴的東西。我認識一位母親，她的善良和藹、眼光長遠都是
令我們讚嘆不已的，當她的女兒們像一般的小女孩那樣，想擁
有一隻可愛的小狗、一隻跳躍的松鼠、或者一隻會唱歌的鳥兒
等諸如此類的東西時，她總是會盡量滿足她們的要求。並且要
求女兒們得到了這些小動物之後，就一定要愛惜牠們、勤勉的
照顧牠們，使牠們不缺衣少食，也不會受到虐待。因為，如果
她們並沒有履行職責、沒有用心的照顧牠們，這位睿智的母親
便會把它看作是一種重大的過失並且收回她們手中的小動物，
然後責罵她們一番，這樣她們很快就學會了勤勞與善良。確
實，我認為人們從嬰兒的時候起就應該養成善待所有動物的習
慣，不要故意損壞或者傷害任何東西。

孩子往往會從破壞行為中感到一種快樂，我指的是他們會
無緣無故的損毀東西，特別是他們會從那些東西遭受的痛苦和
損壞中獲得快感，我認為，這是一種極為惡劣的習慣，往往是
在與別人的交往中習得的。許多大人會慫恿小孩子去打人，他
們把這種行為當成是一種玩笑，看到他們打傷別人之後更是哈
哈大笑；周圍的大多數人也對孩子做出了負面的榜樣，並且這
些都更加堅定了他們這種破壞行為。歷史上談論的國家大事也
都是打打殺殺、巧取豪奪；加在征服者頭上的榮耀和名譽也一

步步的誤導著正在成長的孩子們，使他們認為戰爭和屠殺是值得崇尚和讚譽的偉大事業，是一切德行中最英勇的。透過這些事情的種種暗示，殘忍的萌芽便在他們身上慢慢滋長，而為人類所厭惡的東西也被當時的風氣所左右，被認為是獲得榮譽的最快方式，讓這些東西不再受到厭惡。於是，在風氣和輿論的引導下，它最終竟然成了一種快樂的行為，雖然它本身既不快樂也不可能成為一種快樂。所以這是我們應該小心預防、加以注意並且及早醫治的；只有這樣，才能培養出那種貼近自然的的仁愛之心；不過仍然要採用我此前提到的那兩種溫和的治療方法。在這裡，我還要提出一個警示，也許不能適用於所有人，但是它也有合理存在的依據，孩子所做出的破壞行為或傷害行為，如果僅僅是簡單的因為遊戲、由於粗心或者無知所造成的、不是故意為之並且他們並不知道他們的行為會變成一種傷害。那麼，即使它們有時候會造成某些重人的危害，也不必完全在意或者只要稍加注意就可以了。我想，這一點就算說多少次也是有道理的，就是無論孩子犯了什麼樣的錯誤，也無論這個錯誤會造成什麼樣後果，我們對待他的過錯時也只應該考慮它的錯誤源頭在哪裡、它可能帶來的影響、是否會養成習慣；懲罰應當著眼於事情的本質，而不應該因為遊戲或者粗心所導致的傷害而對孩子進行重罰。需要改正的錯誤是他心中的錯誤；如果犯下的錯誤可以被時間和成長所治癒，或者這種錯誤也不會使他養成任何不良的習慣，那麼，無論現在的行為是如何的令人不愉快，都不必太過苛責。

要想讓年輕人內心萌發出人道主義情感並使之綻放生機，

還有一個途徑，那就是讓他們的言語以及行為舉動養成一個習慣——用禮貌和尊重的態度去對待那些出身貧寒的人。人們常常看到的一種社會現象：就是豪族家庭裡孩子用粗鄙的語言、蔑視的態度再加上傲慢的行為舉止去對待窮苦人，就好像這些人是天生低人一等的種族。不管這種行為是出於罪惡的榜樣，還是因為家底的殷實，或是因為天生虛榮所造成的，均應該嚴格防範或者徹底消除，孩子們應該以一種溫和、彬彬有禮、和藹可親的態度去對待別人，以此來取代前述的種種霸道惡行。如果他們愛護別人，又可以在外對人彬彬有禮，那他們的尊嚴不僅絲毫不會受損，而且還會提升他們高貴的地位以及威望。對孩子來說，更不應該僅憑外表就喪失對人類天性的尊重。他們越是這樣行事，就越應該受到教導，使其脾氣秉性變得善良敦厚，用更富同情心以及和藹的態度去對待那些地位不高、財富較少的同胞們。如果他們還在襁褓時就依仗家裡權勢盛氣凌人，自以為高人一等，可以隨意指使別人，我們還可以自圓其說的認為是教育不當的結果；但是如果教養者還不採取一些措施並重視起來，可能就會使他們內心的自負心理慢慢滋長，以至於形成一種蔑視別人的不良習慣，那最終的結果就是——除了學會壓榨與暴虐，他們沒有學到一丁點有用的東西。

（十）如何對待孩子的好奇心

孩子的好奇心其實可以被視為對知識的追求和渴望，所以對此應該予以支持和鼓勵，不光是由於這可以讓人獲得慰藉，更因為這是一種自然所賦予孩子並幫助他們消滅天生的蒙昧無

知的絕佳工具。假如沒有一種迫切的求知欲，蒙昧無知就會讓孩子變成遲鈍無用的動物。我覺得，鼓勵孩子的好奇心並讓其一直處在活躍的狀態，方法有以下幾種：

第一，不管孩子發生任何問題，絕不能夠進行阻止或者侮辱，也不要讓孩子遭受嘲諷，應該根據孩子所在年紀具有的特點和知識儲備，來回答孩子提出的所有疑問，向孩子說明他所想了解的東西，讓孩子盡可能明白。但是，你的說明或者看法不能超越孩子現有的悟性，眼下毫無用處且各式各樣的東西不要過多提及，避免將孩子弄迷糊。你要注意的是孩子提問題的目的，而不是去注意孩子在提問題的時候所使用的詞彙；一旦你把孩子想知道的答案告訴了他，你會在他獲得滿足以後發現，孩子的思維得到了擴展，而恰當的回覆能夠進一步引導孩子前進，甚至會超過你的想像。這是由於知識的力量讓悟性本身感到高興，就像陽光會讓眼睛感到舒適一樣，孩子非常喜愛知識，特別是當孩子明白自己提出的問題已經引起了你的注意，還有當孩子的求知欲獲得鼓勵和誇獎的時候，就更能夠表現出這一點。我認為，之所以有非常多的孩子選擇用毫無意思的遊戲去消磨令他們感到乏味的時間，是因為他們的好奇心遭到了制止，求知欲受到了冷落。我堅信，假如孩子得到的待遇是比較溫和且受尊重的，而且孩子提出的問題可以得到滿意的答覆，那麼孩子將會在學習和增長知識方面獲得更多的歡樂。這是由於，與相同的遊戲和玩具相比較，那裡一直有孩子所喜歡的、稀奇古怪的、充滿了變化的東西。

第二，除了謹慎的回覆孩子提出的問題，以及把那些他迫

切想要弄清楚的事情告訴他之外，還可以選擇一些獨特的讚許辦法。你完全可以當著孩子的面，直接告訴孩子，他所尊重的人誇獎他懂得一些事情了；從我們還是嬰兒的時候開始，就有一種自大的心理，所以不如讓孩子的虛榮心能夠在對他們有益的事情上獲得鼓勵；應該充分利用孩子所具有的自大心理，讓孩子去做一些有益於自身優點發展的事情，並以此立足。要讓年紀大一點的孩子明白，你到底想讓他學習哪些東西，並且能夠獨立的求取知識，最佳的鼓勵方法莫過於讓孩子去教導比他們小的弟弟妹妹。

　　第三，孩子提出的問題是不能被忽略的，甚至應該予以特別關注，而且要保證孩子從來沒有得到過虛妄的、迷惘難解的回覆。假如孩子被忽視或者被欺騙，孩子是非常容易發現的，之後孩子會快速的對其進行模仿，並學會無視、佯裝以及虛偽等伎倆。在所有的交際中，我們絕對不能夠侵犯真理，特別是在和孩子互動時，這是由於假如我們和孩子故弄玄虛，我們不僅愚弄了孩子的期許，阻擋了孩子的認知，而且還摧毀了孩子的善良，讓孩子走向了罪惡。孩子猶如一個剛到陌生國家的旅行者，對於當地的狀況毫不知情，因此我們應當憑藉良心，不要讓孩子走錯道路。儘管有時孩子提出的問題似乎不太重要，但是我們還是應該仔細的回覆，這是由於 —— 雖然這些問題在我們眼中是一些毫無意義的問題（這些問題早已經人盡皆知），但是對於完全不了解的人來說，這些問題依然是非常重要的。對於大人已經熟知的問題，孩子通常是新手；孩子在日常生活中遇到的問題，對他們來說都是不可知的，只有可以

遇到願意忍受無知並且幫助孩子擺脫這種困境的人，才能讓他們感受到快樂。如果你我去了日本這個從未去過的國家，毋庸置疑我們也會因為想要了解當地的情況而提出很多問題，可是這些問題在日本人看來卻是顯得你我很無知，但在我們看來這些又是非常重要的問題，且急需解決。如果我們可以尋找到一個彬彬有禮的人，他能夠滿足我們提出的要求，化解我們的愚昧，我們也肯定會覺得無比欣慰。孩子一旦看到了新鮮的事物，一般都會用一種陌生人的口吻提出在我們看來非常無知的問題 ──「這是什麼？」孩子的意思通常只是想問那個東西的名字，因此，一般對於這樣的問題最恰當的回覆就是把該事物的名字告訴孩子。孩子通常想要了解的第一個問題是：它的用途是什麼？對於這個問題，我們的回覆一定要精準、直接。我們應該在孩子理解能力可達到的限度之內，把孩子所問事物的用處告訴他，並且要把使用方式解釋明白。對於孩子其他的問題也是這樣；要在孩子悟性可達到的範圍之內，讓孩子對所有的解答都感到滿意之後，再從孩子身邊走開或讓他們離開，這樣就能夠引導孩子從你的回覆中去理解並產生新的問題。如此看來，對成年人來說，這種交談可能並不像我們想像之中那樣枯燥無味或者沒有意義。勤學好問的孩子提出的天真無邪的、沒有經過人指導的問題，經常能夠讓一個思想深刻的人動一番心思才能回答得出來。我覺得：與成年人之間的侃侃而談相比，孩子在不經意間提出的問題經常能夠讓人學習到一些東西，這是由於成年人所講的話通常都人云亦云，而且所有的觀點都局限於他們所接受的教育。

第四，透過讓孩子了解一些稀奇古怪的東西，引導孩子提出問題，並為孩子提供可以自己尋求答案的方法和途徑，進而引起孩子的好奇心，有的時候這樣的做法不失為是一個明智之舉。如果孩子在好奇心驅使下所提出的問題並不是孩子應該了解的問題，那麼最好的做法就是坦率的告訴孩子，這件事情目前他們還不適合去了解，不要試圖用謊話或者瑣碎且不得重點的回覆去應付孩子所提出的問題。

一部分人自幼年時就有些冒失和活潑，這並不是由於這些人身體健壯的原因造成的，而且也不能說這些人具有很強的判斷能力。如果人們想讓孩子成為一個敏銳的、善於言辭之人，我認為是有辦法的。然而我覺得：作為非常明智的父母，與其讓孩子在幼年時期成為一個擅長交際之人，倒不如讓孩子在長大之後成為一個能幹且有用的人。縱然是這樣，這件事情也是十分值得思考的。我認為讓孩子學會一堆廢話，然後討他人喜愛，這件事並沒有多大的樂趣，倒不如讓他學會推理更有用一些。因此，你應該竭盡全力，在孩子的能力範圍內，滿足孩子的需求，教會他如何進行判斷，鼓勵他提出各種問題。只要孩子的理智得到了完善，就可以因此去肯定和表揚孩子。假如孩子脫離了正軌，我們不能去嘲諷孩子所犯的錯誤，而是應該和藹可親的幫助他們糾正錯誤；假如孩子對自己遇到的事情願意去思考，那麼你就應當盡量小心，不要讓任何人阻止孩子這種做法，也不能蠻不講理或者用歪理邪說來誤導孩子。這是我們內心所承認的最高程度、最具重要性的能力，應當獲得極大的關注並努力培養，最終實現合理運用的目的，這才能讓我們的

人生達到最圓滿的境界。

（十一）如何看待並糾正生性懶散的孩子

人們在觀察孩子的時候，會發現實際情形往往與前面所說的孩子喜歡問問題的情況完全相反，有的孩子會把所有事情都擱到一旁，絲毫不去關心，甚至於在正經的工作上面，也是一直在混日子。我認為，這種懶散的性格乃是孩子身上最大的一個缺點，假如這種性格是源於本能，那麼這將是最難治療的一種頑疾。但是，在某些情況下，事情很容易會出現失誤。因此，當我們時不時抱埋怨孩子在學習和工作方面懶散度日的時候，我們應當認真謹慎的做出判斷。身為父母，第一次疑心孩子擁有一種懶散的性格時，一定要對孩子進行認真仔細的觀察，看孩子是否在所有的行動上面都顯得不以為意、漠不關心，還是僅僅是在一部分事情上顯得緩慢與懈怠，但是在其他的事情上卻顯得朝氣蓬勃。這是由於儘管我們發現孩子不用心讀書學習，將在房間或者讀書學習的絕大多數時間都虛度掉了，但是仍然不可以馬上得出結論：這些都是由於孩子懶散的脾氣秉性造成的。那大概就是一種孩子氣，認為其他的一些東西要比讀書還有意思，並一心一意的去想那些東西。如果孩子是受到大人的強迫去讀的書，那麼孩子當然會討厭讀書。所以你必須要弄清楚當中的根源。你應當在孩子不讀書的時間、地點，在孩子盡情活躍的那段時間內認真觀察孩子，看看孩子是否忙碌開朗，是否可以策劃一些事情，並為之付諸辛勤與熱情，且鍥而不捨，直到目標達成；還是一味懈怠冷漠的虛度光

陰。假如孩子僅僅是在讀書時懈怠，那麼我認為這大概是容易治療的；假如是特質方面的原因，那麼將會多花費一些精力，並且需要多給予一些關懷，才可以將它治癒。

假如你看見孩子在工作的閒置時間非常有熱情的做遊戲或其他喜歡的事情，你就會明白孩子其實是不願意偷懶的，僅僅是由於讀書枯燥無味，所以才不願意關心及努力。因此，首先要想辦法以溫和的態度將偷懶所導致的無知與弊端告訴孩子，讓孩子明白 —— 如果他這樣做，就會將原本可以花費在其他事情上的時間耽誤了。但是談話時的態度必須要平靜、溫和，而且用不著嘮叨個不停，只要能夠簡單的把這種平和的道理講清楚就行。假如這樣的辦法有效果，那就相當於使用了最適合的辦法，即理智和溫和，且目的也達到了。假如像這種相對於和善的方法沒有任何效果，那麼你不妨嘗試使用羞辱他這樣的辦法，每當走到孩子桌旁時，如果人沒有在座，你可以問問孩子，他那天到底花費了多少時間去做事情，讓孩子為他的作為感到羞恥。假如孩子在應當把事情做完時還未將其做完，那麼你就將這個狀況告訴所有人，讓孩子感到尷尬，但是不能摻雜責罵，只要讓孩子看到冷漠的臉色就可以了，直到孩子將錯誤改正為止；孩子的父母、老師以及所有周圍的人，都要用相同的態度對待他。假如這個方法也不能達到你所希望的效果，那麼你就告訴孩子，讓孩子再也不用去麻煩老師教導他了，你也不會再拿錢為他請老師，陪他一起浪費光陰，孩子既然不喜歡讀書，而喜歡這樣或者那樣的遊戲，那麼從今往後就讓孩子全心全意的把時間都花在遊戲上面，然後極力的督促孩子去做

他喜歡的遊戲，讓孩子不分白天黑夜，全神貫注的去做，直到孩子不願意了，想要嘗試更換其他事情，直到他願意繼續讀書為止。然而當你將遊戲當成工作讓孩子去做的時候，你必須要親自或者派專人去監管，要讓孩子一刻不停的做，不能讓他偷懶。最好是你親自去監管 —— 為人父母，不管有什麼重要的事情纏身，你的孩子都值得你花費幾天的時間，幫助他改正這種懶散的性格。

　　假如孩子的懶惰不是源於孩子日常的習性，而是源於一種特殊的或是習慣性的對於學習的厭惡，那麼對此你應該認真謹慎的觀察和辨別。但是，就算你的眼睛能一直盯著孩子，看他在自己可以自由支配的時間裡到底在做什麼，也一定要在孩子不知道的情況下進行，千萬不要讓孩子知道你或其他人正在偷偷的觀察他，如果孩子知道你或其他人正在偷窺他，就一定會影響孩子隨心所欲的做自己的事情，孩子的內心充滿了某種渴望與喜好，然而由於對你的害怕，孩子不敢去做他真正想做的事情，對於其他所有他當時沒興趣去做的事情，他也完全不會理睬，所以從表面上看孩子似乎很懶散，萎靡不振，實際上，孩子他的內心可能正全神貫注的想著自己感興趣的那件事情，可是由於害怕你看到或者知道，因此不敢肆意妄為。為了把這點弄明白，因此要在暗中進行觀察，在孩子毫不懷疑有人在偷窺、在孩子不覺得拘謹的情況下進行。在孩子絕對隨心所欲、為所欲為時，你可以請一個你信任的人，去觀察孩子是怎樣度過那段時間的，觀察他是否仍然懶散的虛度光陰，從中你可以輕鬆的辨別清楚，孩子之所以虛度讀書的時光，到底是因為習

慣，還是因為對書本知識的厭倦。

如果孩子的天性就存有欠缺，並導致他精神頹廢，那麼他自然就會變得懶散冷漠，終日沉溺於空想，這種毫無出息的性格是很難應付的，在這樣的狀況下，孩子對於將來的事通常毫不關心，這種性格缺乏行動的兩種基本動力 —— 遠見和渴望；至於淡漠、扭曲了的性格，就需要透過培養並增加孩子的遠見和渴望來糾正和改善。當你了解到這樣的狀況實際上只是一種個案的時候，你就應當認真謹慎的觀察，看看孩子是否不喜歡任何事情，你要清楚孩子最喜歡做什麼事；假如你察覺到孩子的內心具有某種特別的傾向，你就應當竭盡全力去推動和增強這種傾向，並透過這種傾向讓孩子努力工作、激發孩子勤勞的特質。如果孩子願意讓人稱讚自己、願意玩遊戲或者願意穿漂亮衣服等，或是正好相反，害怕痛苦、害怕遭受恥辱、害怕你因他而生氣等，不管孩子最喜愛的是什麼事情，只要不是懶散（懶散絕對不能夠促使孩子努力），你就可以透過這些事物去激發孩子，讓孩子振作起來。像這樣淡漠的性格，你大可不必擔憂。你需要做的是竭盡全力將孩子對某些事物的渴望喚醒，並不斷增強這種欲望，一定要明白，如果孩子缺少了這種欲望，那麼他們也將不再為此進行努力。

假如透過這種方式仍然無法充分控制與激勵孩子，那麼你應當經常讓孩子做一些體力工作，或許這樣的方法能夠培養孩子認真做事的習慣。本來，讓孩子努力讀書學習是為了促使他養成鍛鍊的習慣，讓他擁有更加成熟的心智，然而由於這樣的方法不便於觀察，並且沒有人明白孩子到底是否偷懶了，所以

你一定要經常替孩子找一些體力工作來做，讓他忙在當中，無暇顧及其他。假如這些體力工作不好做，讓孩子感到羞恥，也沒關係，這樣可以讓孩子更容易對這些體力工作感到厭煩，自然而然的就想回到書本當中。但是你一定得確定一件事，當你選擇用書本來代替孩子要做的體力工作時，你為他安排的工作以及工作時間必須讓孩子充滿負荷，縱然他想偷懶，也沒有任何機會。只有當孩子在你的啟發下，關心書本，努力讀書之後，你才能夠採用其他的方法，也就是當孩子在規定的時間之內完成了學習內容，作為一種獎賞，可以讓孩子在另外一些體力勞動中獲得休息。隨著孩子越來越專注於自身的學業，這樣的體力勞動可以相對減少一些。最終，當孩子的懶散以及遠離書本的問題完全被解決的時候，也就可以徹底的把體力勞動取消了。

（十二）如何糾正孩子討厭書本和貪玩的壞習慣

之前我曾經說過，讓孩子感到快樂的東西有兩樣，一是交換，二是自由。所以，我提倡為孩子們安排與他們年齡相符合的遊戲，按照這一結論，家長們把書本或者是其他想讓孩子學習的東西當成一項任務，強行施加於他們身上，是很不應該的。而這往往是做家長、老師比較容易忽略的事，他們每每想到或是遇到了孩子應該去做的事情，便會迫不及待的讓他們去做，卻不會以一種恰當的方式指引孩子去做，等孩子重複得到了幾次教訓後，他們便會明白，什麼是別人要求自己做的，什麼事是自己願意做的。這種做法一旦令孩子對書本產生了反

感，就需要從相反的方向尋求治療的方法。在這個時候再想讓
孩子把讀書當成遊戲，就太晚了，所以應該採用相反的方式，
也就是看他最愛玩哪種遊戲，便強制他去玩哪種遊戲，讓他把
這個遊戲當作他必須要完成的任務，每天都要玩上好幾個小
時，而不是將這件事作為對他喜歡玩遊戲的懲罰。如果我所料
不錯，用不了幾天，這個方法就會讓孩子對他最喜歡的遊戲產
生厭惡之情，他寧可去讀書或做其他的事，也不再想去玩這遊
戲了。倘若讀書或其他事情能夠代替孩子玩遊戲過程中的一部
分，或者能夠讓他將玩遊戲的時間分出來一些留給書本，或做
其他對他有好處的事情，那就更應該這樣做了。我覺得這樣的
糾正方式至少要比限制他們玩遊戲有效果（限制往往會產生增
強欲望的反作用），同時也會比使用其他方法來懲罰孩子效果
更好；原因就是，只要你讓他過度滿足了自己的欲望（除了飲
食之外的其他事情，統統能夠使用這個方式來處理，不會有例
外），讓他在你原本不想要發生的事上過分滿足之後，他就會
對此產生了厭煩的心情，這樣你以後永遠也不需要擔心他會做
相同的事情了。

　　我認為孩子是不會喜歡無事可做的狀態，這是很顯然的。
他們應該將好動的本性經常集中用在那些有利於他們的事上；
想要達到這個目的，你所要做的就是讓孩子把你想要讓他們做
的事情當成一項娛樂，而非一項任務。我特別想出了一些可以
達到上述目的，還不會讓孩子感覺你在暗中操控他們的建議。
例如，把你不想要讓孩子去做的事，找一個命令他非要去做的
說辭，讓他一直做到夠為止，讓他從此對那件事情感到討厭。

打一個比方，你強迫特別熱衷於玩抽陀螺的孩子，每天都連續玩很久，而你就在一旁監督他，不許他停下來。你不久便會看到，他不喜歡甚至厭煩玩陀螺了，自己主動且心甘情願的厭惡這個遊戲了。每一個你所不希望他玩的娛樂項目，都可以用這種方式，讓他當作一項任務來做，沒多久，他便會主動放棄這項娛樂，開心的去做你希望他做的事情，另外，如果能夠讓孩子將這些事看作是他完成了那種被安排去做的遊戲的獎勵，那他便會更加喜歡做。好比你天天安排他去抽陀螺，直到非常厭倦的時候，才允許他停下來，如果這個時候你答應他，抽過陀螺後將讀書給他作為獎勵，你覺得他是不是會認真讀書、喜歡讀書了呢？孩子只要做符合他的年齡所該做的事，那麼孩子所做的這些事與事之間是沒有多大差別的。他們把兩件事看得有輕重之分，原因是受到了其他人的影響而造成的。因此，想要讓孩子喜歡做的事情，就把這種事當作是獎勵去給了他們。使用這個巧妙的技能，家長、老師等這些管教孩子的人就可以選擇把跳舞作為跳房子的獎勵，或是把跳房子作為跳舞的獎勵；是想讓孩子熱愛讀書，或是想讓他們喜愛抽陀螺；是想讓孩子熱中於打球，或是想讓他們深入的鑽研地理；孩子就是喜歡不停的忙碌，忙著做他們認為自己應該或者想要去做的那些事情，忙著獲得爸爸媽媽還有他們所尊敬、信任的人給他們的獎勵——起碼他們是這樣認為的。我認為，孩子們得到了這樣的教育，而且也沒有受到其他方面的錯誤影響，那麼必然會高興、充滿熱情的去看書、寫字甚至是做其他你所希望他們去做的事情，就像其他孩子愛玩遊戲一樣。年齡大的孩子透過這種

方式展開教育，等養成了習慣以後，即使想要阻止他們學習也是不可能的，原因是，在這個時候學習已經成功的吸引了孩子的注意力。

（十三）孩子的玩具

我認為孩子應當擁有玩具，而且應該擁有各種樣式的玩具，但應該在老師或者他人的監督下來玩，而且每次只能玩一種玩具，當第一種玩具還在孩子手裡的時候，不能讓其獲得另外的玩具。這樣能夠讓孩子及早防範，不要讓他們把自己擁有的東西遺失或者破壞了。假如你讓孩子自己保管品種和數量都比較多的玩具，孩子就會大聲喧譁並且不甚在意，這樣的話，孩子從小就會變得揮霍浪費。我同意，玩具是件小事，好像無須父母擔憂；但是，但凡可以形成孩子心理的事都是不容忽略以及不能大意的事情；但凡可以讓孩子養成習慣、順應風俗的事都值得孩子的父母當心和留意，這些看似很小的事情，造成的結果和影響反而很大。除此之外，還有一件和孩子玩具有關的事情，也值得孩子的父母注意。那就是，縱然孩子可以擁有一些玩具，然而我覺得，這些玩具最好不要是透過購買獲得的。這樣的話就能夠避免一種常見的現象，那就是孩子由於擁有品種繁多的玩具，形成了喜新厭舊、貪婪無度的心理，這樣的心理讓孩子不能保持清靜，隨時隨地都想獲得更多的玩具或其他東西，儘管內心並不清楚自己想要什麼，然而對於自身所擁有的總是覺得不滿足。有的人為了向有權勢的人獻殷勤，就尋找各式各樣的禮物，並將其送給他們的孩子，以致孩子因此

深受其害。這樣的孩子幾乎在沒學會說話的時候就學會了自大、虛榮以及貪心。我知道有這樣一個孩子，這個孩子被自己數量龐大、品種繁多的玩具弄得心浮氣躁，每天都要把玩具全都檢查一遍；這個孩子對於豐富的收藏已經習以為常了，然而對於自己擁有的玩具，他還是覺得不夠多，總是問：還能再增加些什麼？我還能夠獲得哪些新的玩具？一定要清楚，控制欲望，才是培養一個知足常樂之人最合適的路徑！既然孩子所有的玩具不應該是購買來的，那麼你允許孩子擁有的玩具是從什麼途徑得來的呢？我的回答是，孩子的玩具應該自己做，即使不一定成功，至少也應該去努力嘗試著去做一下。在這之前，並不是說孩子就不能擁有玩具，一顆光滑圓潤的石子、一張折了的紙、一串媽媽經常使用的鑰匙，或者是其他任何不會讓孩子受到傷害的事物，在孩子眼中，這些事物的有意思程度完全不輸給那些從商店購買的價格不菲、造型稀奇的事物，那些玩具很容易出問題，很容易被弄壞。孩子如果不是因為玩慣了這樣的玩具，他們肯定不會因為沒有那樣的玩具就感覺枯燥無趣或者亂發脾氣。孩子在年幼的時候，玩任何事物都可以；但是等孩子的年紀逐漸長大，假如不是因為他人愚昧無知的花錢購買玩具給孩子，那麼孩子一定會自己去做玩具。一旦孩子有了自己的構思，想要去親自製作玩具的時候，孩子應當得到輔導以及幫助。但是假如孩子不去親手製作，僅僅是一味懶散的坐著，無所事事，一心期望他人把做好的東西給自己，那麼此時孩子就不應當獲得任何東西。假如你在孩子遭遇困難的時候伸出援手，那和購買高價玩具給孩子相比，前者的做法會更加能

夠獲得孩子的喜歡。有的玩具，比如魚鉤、陀螺、毽子這樣的玩具，要想製作出來，孩子的技藝是不夠的，但是一般要使用力氣的時候，自然要由孩子完成。孩子最好用有這樣的玩具，不是因為具有多樣化的玩具，而是因為運動。然而這樣的玩具應該在適當的情況下讓孩子玩耍。比如孩子擁有一個陀螺，那麼抽陀螺時所需的木棒和鞭子就要讓孩子親自製作及配置。假如孩子僅僅是把嘴巴張開，坐等好事來到，那麼孩子就休想獲得這樣的玩具。如此就能讓孩子習慣性的憑藉自身的努力，去獲得自己需要的東西，孩子能夠學會控制、專注、努力以及勤儉等品性。這樣的品性對於孩子以後長大成人是大有裨益的，因此學習不應該只求進度，根基也不應該只求深度。孩子全部的遊戲和活動都應該以養成良好的習慣為目標，否則不好的習性就會有機可乘。不管孩子做了什麼事情，年幼的時候都會留下一些記憶，這會讓孩子養成一種好的或壞的傾向，只要是會產生這樣影響的事情，都不應當被忽視。

（十四）孩子的撒謊和對策

撒謊是掩蓋錯誤的一種簡便方式，所以這種行為流行於三教九流。要讓孩子無法察覺其他人是不是在撒謊，其實是很不容易的，因此，如果不是十分注意，謹慎防備，那麼孩子學會撒謊將是一件極其簡單的事情。然而撒謊是一種不良的品性，而且是很多惡劣品性滋生的暖床。因此在孩子的成長過程中，應該盡量讓孩子厭惡這樣的行為。假如有機會可以在孩子的面前談及撒謊這件事的時候，應該一直表示極端的厭惡之情，把

撒謊視為一種與紳士的榮譽和品性格格不入的行徑，只要是稍微有些信譽之人都無法容忍撒謊，這是最恥辱的標識，一個人會由於撒謊這種行徑淪落到最恥辱卑賤的地步，甚至置身於那些極端受鄙視和極端恐怖的流氓之列；不論是品格高尚之人，還是在社會上稍微有些名譽之人，都無法容忍一個撒謊的人。當第一次發現孩子撒謊的時候，你最好把這件事情當作一件不可思議的事情，表現出錯愕之感，並且不能將這撒謊這個行徑視為一般的錯誤去斥責。假如這還不能夠讓孩子回歸正軌，當他再次犯下相同錯誤的時候，孩子應該遭受嚴苛的責問，並受到父母還有所有注意此事之人的鄙視。如果這樣的方法依然沒有任何效果，那麼你就應該依靠鞭策了。這是由於孩子在遭受過以上告誡後，還故意撒謊，那就是頑固不化的表現，這種行為是絕對不可以的，必須懲罰，不可讓其輕鬆脫逃。

孩子因為害怕自身的錯誤被別人發現，無處隱藏，就會找各種託辭來掩飾。這樣的錯誤和虛偽不相上下，並且可以導致一個人變得更加虛偽，對於這種行徑是不可以縱容不管的，不過更應當讓孩子產生羞恥心，而不應該使用粗暴的手段。因此，如果有事情問孩子，而孩子起初的回答很明顯是一種託辭，那麼你應當嚴肅的告誡孩子，讓孩子將真相說出來，如果孩子依舊使用謊話敷衍，那麼就應該遭受懲罰，但是假如孩子乾脆的承認了，那麼你應當讚賞孩子的坦率，並原諒孩子所犯的錯誤，無論什麼樣的錯誤，既然原諒了孩子，那麼今後就一定不要再因為這件事情斥責孩子，或者重提這件事情。這是由於如果你想讓孩子變得誠實，並透過經常性的實踐而將其養成

習慣，那麼你應當小心注意，千萬不要讓孩子由於誠實而感到任何不便；恰恰相反，由於孩子的坦誠知錯，除了永遠不讓孩子為此遭受懲罰之外，還應當給予孩子一些讚賞以資鼓勵。如果你無法證明孩子的託辭是否具有虛假成分，那麼你應該暫且將其當成真話，並且不能表示出任何的疑惑。你要讓孩子覺得，他在你跟前擁有一個好名聲，一旦自己聲譽掃地，那麼他在你心目中所有好印象都會消失。所以你要盡量做到，在孩子有可能撒謊的範圍內，不要助長孩子說謊的習慣，讓他在你的面前覺得自己並不是撒謊的人。孩子有時說話隨意，和事實不太一樣，不過可以忽略不計的。但是，只要再次發現孩子犯了相似的錯誤，那麼此時就千萬不能原諒孩子，因為這種錯誤是永遠禁止孩子再犯第二次的。如果孩子是故意為之，而這樣的錯誤原本是可以避免的，所以再次犯錯那就絕對是頑固不化的表現。對這樣故意犯錯的行為，應該嚴懲不貸。

（十五）論教養

良好的教養是身為紳士所必須擁有的美德，而靦腆害羞和輕浮狂妄則是一個人最典型的兩種不良教養。如何才能糾正這兩種不良教養呢？必須遵循一條規則，就是既不要忽略自己，也不要無視他人。

這條規則前半句的意思是反對驕傲自滿，而非反對謙遜。我們不應該將自己想得太過完美，以致過高的評估自己的身價；不能自以為是、認為自己擁有優於他人的長處，認為自己應該在他人面前展現這種優勢；我們應該在自己的職責和義務

範圍內，謙虛的接受他人的評價和贈予。不過有些事情我們責無旁貸，而其他人也希望我們去做，在完成這些事情的時候，在任何人面前，我們都要尊重自己，千萬不要茫然無措，要根據每個人的身分、地位，保持應有的尊重和距離。我們經常可以在人群中特別是孩子中間看到這樣一種情景：有些人在外人或者身分地位較高的人面前，表現得愚笨靦腆。這些人的思維、言詞還有外表，都顯得那麼茫然無措，像是失了主見一樣，最終一無所成，縱然可以做事，也不能夠做到處之泰然和優雅自如，不能因此令別人高興，受到別人的歡迎。解決這個問題的方法只有一個，就是引入並培養與之相反的習性。不過，就像我們不和陌生人以及具有較高身分地位的人多接觸，就會在與他們談話時覺得不習慣一樣，糾正這種不良教養的唯一辦法就是多交朋友 —— 與形形色色的朋友交往，與有身分、有地位的人交往。

以上講的是在別人面前我們要注意自己的言行舉止，對於這個問題或許說得稍微多了一些。現在說不良教養的另外一種表現，那就是完全忽視了我們不得不與之交往的人的愛好和尊嚴。為了避免這樣的狀況發生，一定要做好兩件事：第一，培養不願冒犯別人的性格；第二，要以一種令人歡迎、令人喜悅的方式來展現出這種性格。一個人如果能夠做到第一點就可以稱為有禮貌，如果能夠做到第二點就能稱為得體。得體具體指的是：一個人的外表、聲音、言詞、行為、動作等所有的言行舉止都要優雅自如，讓我們在與朋友交往的過程中得到好評，讓那些和我們進行交往的人可以感覺到舒適和開心。這是表達

自己內心有禮貌的一種語言，這種語言和其他的語言相同，主要被各個國家流行的時尚以及習俗掌控，它的規則與踐行，應該注意多向那些具有良好教養之人去學習；至於不願意冒犯別人的性格，與外在的表現進行比較，都是藏匿在外表之中的，這是對所有人的善意與尊敬，讓一個人變得謹慎和仔細，在言行舉止方面嚴格遵守各個國家的風俗與規矩，不會對任何人有藐視、不尊重或者粗心大意的表現。根據別人的身分和地位，表達出相應的尊敬和認可。這是透過外在的行為舉止所展現出來的一種性情，擁有這種性情的人不會讓他人在與其交談時產生任何不自然的想法。

接下來我會說到四種品行，這四種品行與所有受人稱道的社會德行恰好相反。有些不夠文明的問題，通常都是從這四種品行中產生的。我之所以要將它們列舉出來，目的就是讓孩子避免遭受它所產生的不利影響，並讓孩子從中省悟一些道理。

第一種就是粗暴的天性，它會讓一個人在對待他人的時候缺少熱情和誠懇，從而不清楚要如何尊重他人的性格或者身分等。這種品行在粗漢與悍婦身上表現得最為明顯，這樣的人在與別人交往時，絲毫不會留意什麼樣的東西能夠讓對方開心，什麼樣的東西能夠讓對方討厭。這樣的人時常能夠遇到，他們穿著時尚的服飾，但性格殘暴，趾高氣昂，恣意妄為，完全無視他人的感受，周圍的人深受其摧殘之苦。這是所有人都可以看得到的事情，並認為這是一種恐怖的獸性，沒有人能夠和這樣的人和諧共處。因此，在任何一個想讓他人認為自己還有一絲教養的人身上，這樣的品行不可能存在。這是由於良好教

養的綜合作用可以讓天生的頑固不化變得溫順柔和，讓人們的性格變得隨和溫柔，讓人們在與他人交往的過程中變得彬彬有禮，並且善於與交往之人和諧相處。

第二種是不屑或缺少應有的尊重，這樣的事情經常會出現在有些人的表情、言詞以及行為上面。不管你所表示不屑的對象究竟是什麼人，但是這樣的舉止總會讓他人感到如坐針氈，這是由於沒有誰會願意讓別人無視自己、怠慢自己。

第三種是刁難、挑釁、找碴，它們與文明禮貌是完全對立的。不管犯了怎樣的錯誤，或者本就屬於捕風捉影的事情，人們都不希望當著別人的面前，在眾目睽睽之下公開宣揚。每個人在有了汙點之後都會覺得恥辱，任何的缺點只要被發現了，就會讓人感覺不安，尤其是顯著、惡劣的缺點。

第四種嘲諷是將別人的錯誤公諸於眾的一種巧妙的方法，然而嘲諷一般都是非常生動的，所運用的言詞也非常精彩，並且還能夠讓在場的人笑出聲來，這就會讓大多數的人誤會，認為在恰當的界限之內嘲諷他人並不是一種無禮的行為。因此，有些具有較高社會地位之人也會經常會用這種談話的方式，這樣的人在談話時通常會受到人們的歡迎，而且經常引得他人為之大聲叫好。但是他們應當仔細考慮一下，別人的快樂源自那個被他們嘲笑的當事人，當事人又如何會悠閒自在呢？除非嘲諷的內容是一件值得讓人稱道的事情。這是由於在這樣的狀況下，讓人忍不住發笑的比喻和形容會讓嘲諷同時具備娛樂和讚賞的功能，被嘲諷的人也可以從中獲得益處，並且可以加入其中一起取樂。但是準確的掌控這件事情是非常微妙的，哪

怕有一絲一毫的大意就會導致全盤一塌糊塗，合理掌握嘲諷的尺度並不是所有人都擁有的才能，因此我覺得，但凡不想激怒別人的人，特別是所有的年輕人，都應該小心謹慎的避免戲弄他人，這是因為，也許一個不起眼的過錯或者一個不恰當的用詞，都會導致被取笑之人不高興，並且在他們的內心之中留下一段無法忘卻的記憶，覺得自己做了應當遭受嘲諷的事情，以至於招致別人犀利卻又不乏智慧的嘲諷。

除了嘲諷，辯駁也是譴責他人的一種方式，教養不良造成的缺陷也會在這樣的談話中展露出來。熱情的對待別人、尊重別人，並不是說讓我們隨時隨地都對他人百依百順，也不是讓我們不管聽到了什麼事情都要言聽計從和閉口不言。真理和博愛有時需要我們反駁他人的觀點，糾正他人的過失，只要做這些事情時謹慎小心，注意場合，實際上是不違反禮節的。但是有的人你一看就知道他們是在非難和較勁，這樣的人不論是非如何，都會反駁某個人，甚至反駁所有人，不論別人說些什麼，他們都會全部表示反對。這是一種常見的且非常荒誕的譴責方法，所有聽到的人都沒有辦法避免遭受傷害。所有反駁他人言論的人都非常容易被他人懷疑和譴責，別人接受了這樣的反駁，就會讓絕大多數人感到羞恥，所以反駁時的態度要極盡柔和，用詞要極盡委婉，要用一切的言行舉止去表示你不是在譴責他。同時，應當竭盡全力伴以尊重與善意，這樣的話，我們在反駁之中獲得勝利的時候，才不會將對方對我們的尊重失掉。

刁難是與禮儀相反的另一種錯誤。因為刁難不僅經常導致

不合適的、令人生氣的言行，而且它還是我們發怒時對他人無禮舉止的一種無言的非難與斥責。這樣的懷疑與暗示會讓所有人都感覺不舒服。不僅這樣，在宴席上如果有個喜歡亂發脾氣的人，那麼會讓所有人都沒有了胃口，就連和諧的氣氛也會在這種噪音的干擾下消失殆盡。人們堅持不懈的追求著幸福，所以我們才會明白為什麼有禮貌的人會比有才能的人更能獲得他人的鍾情。儘管一個重要且有用的人不僅能力很強，而且誠實、善良，但他也很難將嚴肅和固執的表白所導致的不安給消除掉。人們之所以看重權力跟財富，甚至德行本身，無非是它們可以讓我們更加幸福。所以，一個旨在讓別人更加幸福的人，假如在為別人效力的時候，鄙言惡語且不顧形象，那麼在做事情的風範上而就會引得他人不快。但凡明白怎樣可以讓交談的對方舒服自在，而且自身也不至於自降身分成為阿諛奉承之人，那麼我們就可以說這樣的人已經掌握了為人處世的方法，無論到了哪裡都會受到他人的歡迎和重用。因此禮貌實屬位居首位的大事，應當尤其謹慎小心的將其培養成為孩子以及青少年的習慣。

除此之外，還有一種與良好教養相悖的錯誤，那就是過於繁瑣的禮節。執拗的堅持把不合時宜且令人感到無知或者恥辱的禮節強加在他人身上，這種狀況與其說是不尊重別人，倒不如說是在捉弄別人更準確。不尊重他人至少算是與人爭強鬥勝，但是這種情形充其量也就算是讓他人不勝其煩，所以這絕對不是良好教養應有的表現。良好教養的作用或者宗旨就是讓那些和我們交談的人感覺舒適自如，除此之外沒有其他任何

的作用。絕大多數的年輕人都不會犯這樣的錯誤，但是只要他們犯了這樣的錯誤或者有要犯錯的趨勢，那麼就應當告知以及警告他們，千萬不要在禮節上面出現任何的差池。在年輕人與人交談時，應當對所有人表達恰當、正常的禮節以及致意，並表現出自己的尊敬與善意。要想達成這個目的，而又不讓他人懷疑是阿諛奉承、虛偽或者謙卑過度之舉，這是一種優秀的技巧，只有具備了敏銳的直覺、理智以及言行舉止端正的人才能領悟，然而這樣的技巧在社會生活中具有很大的作用，因此很是值得學習。

儘管我們在言行舉止方面表現得當就可以被認為是擁有了良好的教養，好像這是教育的特有的成效。然而，就像我所講的一樣，孩子不應當因為這樣的事情受到困擾。我的意思是，不要讓孩子在諸如脫帽致敬、屈膝禮儀等問題上過於追求時髦的動作。如果你能竭盡全力的把謙虛與良善的品格教給孩子，那麼孩子自然就不會缺少這樣的風度。事實上，禮節也僅僅是一種小心謹慎，目的是在與人交往的過程中不對任何人顯現出一點點的懈怠或者輕視。至於最為認同且最受珍視的表達方式，我們已經在前面講過了。在其他的國家裡，禮節和與它們的語言是一樣的，各有各的特色，並且都不一樣。因此，只要我們能夠仔細考慮一下，就能夠清楚的了解，把與禮節相關的規矩教給孩子是並沒有任何作用，而且也很不合適，就如同讓一個一直跟英國人講話的人偶爾去學習幾句西班牙文一樣。縱使你竭盡所能，與你的孩子探討禮節的問題，可是他的朋友是什麼樣子，他的儀態也不可能相差太多。和你做鄰居的一位

農夫，可能從來沒有跨出過其所生活的區域，不管你對他進行怎樣的訓斥，他的言行舉止也依然是一副諂媚的神態，也就是說，他的言行舉止並不會比他平時所交際的朋友顯得更加端莊。所以，對於這個問題，在孩子成長到可以聘請一位老師來教育他之前，可以說都是沒有什麼辦法的。如果我可以自由自在的發表觀點，我是確實認為，孩子的言行舉止必須要和任何固執、虛偽以及罪惡的事情沒有一絲一毫的關係，至於孩子怎樣脫帽、怎樣彎腿等問題，則是不足掛齒的事情。如果你可以教導孩子熱愛、尊重他人，那麼，只要當孩子成長到有需求的時候，就會依照平時的習性，找到能夠讓全部人接受的表達方法，至於孩子身體的行為與舉止，之前就已經講過了，等到了恰當的時候，一個舞蹈老師就能夠將最適宜的姿勢教給孩子。與此同時，當孩子在年幼的時候，人們也不會期待他們太過注意這些禮儀，在年幼的時候，孩子是被允許可以在禮儀上面粗糙一些的，就像成年人知道跟人打招呼是一樣的。縱然有些十分講究的人認為這是一種錯誤，但是至少我堅信這是一種不用介懷的錯誤，應該讓歲月、老師以及真正的交往過程將其糾正。所以我覺得干預或者譴責孩子的錯誤是一件非常不值得的事情。但是，只要孩子的言行舉止上有了自大或者罪惡的成分，那就應當選擇勸誡或者羞辱的辦法盡快將其消除。

當孩子尚處於幼年時，儘管不應該為教養方面的規定以及禮節當中的細節產生過分的疑惑，然而的確存在這樣的狀況，那就是年輕人身上會很容易滋長一種無禮野蠻的行為舉止，前提是沒有及早對其進行約束。比如說，當別人正在說話時，他

上前插嘴，用辯駁的語氣將他人的談話打斷。年輕人之所以願意這樣做，之所以不願意錯失任何展現自我才能的機會，大概是因為他養成了反駁的習慣，或者是具備了有才華、有知識的名聲，以致將反駁作為學識的唯一準則和證明，我非常清楚，在這樣情況下，學者們是非常容易遭受非議的。在他人說話時打斷插嘴是一種非常無理的行為，這是由於當我們清楚他人將要講什麼之前就進行討論，如果不是愚昧無知，那便是清楚的表示我們不想再聽他的發言了，而且根據我們的判斷，他的發言也會讓在座的其他人感覺聽不進去，所以在座的人要聽我的，因為我的發言是值得在座的人去聽的。這樣的做法是一種極大的無禮，而且一定會觸怒他人。然而這樣的無禮幾乎表現在了一切插嘴之中。如果根據通常的狀況，利用插嘴增添談資，並以此去糾正別人的過失或者反駁他人說的話，似乎凌駕在他人之上，想要撥亂反正或者揭示他人的判斷失誤，這是一種更大的傲慢和自大的表現。我的意思並不是說，人們在交談的時候不可以有不同的意見，也並非說我們不可以反駁他人的談論，但是上述做法卻會讓在互動時所具有的優勢消失殆盡，讓人們無法從敏銳的同伴那裡獲得教益以及糾正。在辯駁的時候，人們都能從相持的觀點中獲得啟發。辯論還可以揭露事物各個方面所具有的不同特質與可能性。如果第一個人講過以後，剩下的人一定要贊成，並且拾人牙慧，亦步亦趨，那麼辯論的益處便不復存在。我不贊同的並不是人們不能對他人的主張提出反駁，而是不贊同人們在表述的時候沒有絲毫的風度。我們應當教育年輕人，除非有人詢問他們的看法或者是別人已

經把話講完，四周已經變得一片寂靜，否則絕不能插嘴，講話時只能用商量的口吻，而不是教育的語氣。應當避免輕率的態度和自大的神情，要等到在座所有的人全都不再講話，到了時機的時候，才能夠用學生的身分，謙虛的將問題提出來。這種謙虛恭敬的態度，既不能夠把他們的才華藏匿起來，也不能夠把他們的理由的力度削弱，反倒是能夠讓他們備受關注，讓他們所講之話大出風頭。當提出一個不恰當的依據或者平凡的觀測的時候，然後加上幾句與眾不同且有禮貌的對別人的看法表示尊敬的開場白，就能夠讓他們得到更多的名譽和尊敬。和上述狀況相反，就算是最機敏的智慧或者最高深的科學，假如使用驕傲莽撞或者吵吵鬧鬧的方式提出來，那麼也只會讓所有的聽眾感到焦躁，縱然他在辯駁中獲得了勝利，也不會把良好的印象留在他人的心中。因此，應當更加謹慎注意，以防這樣的狀況發生在年輕人身上。如若發生了，那麼從一開始的時候就應當加以遏止，要讓他們在所有的交談之中養成相反的習性。而且由於成年人也經常多嘴，喜歡在辯駁的時候插嘴，會出現大吵大鬧的情況，縱然是我們這樣階層的人也是如此，因此尤其應當及早防範。我們稱印度人為野蠻人，然而印度人在談話的時候要比我們謙遜有禮得多，他們會相互之間傾聽，會等他人把話講完之後再沉著冷靜的回答，既不會喊叫，也不會動容。如果我們在被稱為世界文明之都的地方仍然無法做到這一點，那麼我們應該將其歸罪於教育的失責，因為它未能把我們身上具有的古代蠻性糾正過來。你從未見過這樣的場景吧，兩個身分尊貴的貴婦人，不經意間坐在同一間屋子中的兩邊，四

目相對，周圍還有很多人，此時她倆爭吵起來，越吵越起勁，以致在到達高潮的時候相互都慢慢將椅子向前移動，沒多久，她倆竟然緊緊的貼於屋子的中間，為了獲得勝利，她倆在屋子中間猛烈的爭吵，猶如兩隻鬥雞，對周邊之人視而不見，滿不在乎。你不覺得這一幕非常可笑嗎？這是一個有身分的人告訴我的，爭吵發生時這個人就在現場，在談論這件事情的時候，這個人也沒忘記提及爭吵時雙方的口無遮攔，爭吵的程度時常會促使人們這樣去做。既然習俗會讓這樣的事情屢屢發生，因此在教導的時候更應當謹慎小心。沒有任何人不會對他人具有的這樣的問題感到厭惡，儘管他們對自己所具有的錯誤熟視無睹。也有很多人發現自己也有同樣的問題，所以下定決心想要將其矯正，然而卻無法將這一不良習慣擺脫掉，這應當歸結於他們所接受的教育的過錯，致使積習難改。

　　假如我們思考一下之前所講的有關與人交往的問題，大概它能夠讓我們願意更好的展望未來，讓我們清楚它的影響究竟有多麼深遠。與人交往在我們心中烙下的痕跡不只是禮節這種形式。很多人寧願獻出生命也要堅持的看法和規矩，其依據大多是他們自己國家的習俗與大多數人的日常生活，而非理性的信仰。我說這些話的目的僅僅是為了讓家長們明白，與人交往對於孩子生活的諸多方面都具有非常重要的作用，因為與他們交往的人能夠帶給孩子更加強大的力量，因此應該予以高度的重視，並讓其成為孩子生活的一部分。

下篇 知識和技能教育

一、學識在教育中占據什麼樣的地位

你可能感覺非常驚訝，為什麼我要把學識排在最後來講，如果告訴你，最不重要的就是學識，你一定會覺得更難以理解。這些話從一位死板的讀書人嘴裡說出來是很不尋常的。一般情況下，大家為孩子盡心竭力的大部分都是學識，大家聊起教育的時候，想到的也大多僅僅是學識這一件事情，這樣我上面說的這個看法便愈加顯得有悖常理了。人們在學習拉丁語和希臘語的時候，沒少受罪與耗費時間，還無故生出許多喧囂與辛勞，每每談到這裡，我都不禁想到，家長們仍然只把學堂上老師的教鞭當作教育的威懾工具，教育的所有事務似乎只是能夠駕馭那麼一、兩種外國語言。人們覺得，小孩子在他人生最好的階段用個七、八年甚至十幾年時間去努力掌握一種或兩種外國語言，是非常有必要的，而我卻不這麼認為，我覺得孩子不必這樣辛苦，他們是能夠在遊戲中學會和掌握這些學識的。

請體諒，因為我實在不忍心去想像，一位優雅謙和的年輕人為了接受「天才的教育」，居然讓人當牲口一樣驅趕到牧群中，用鞭子抽打、命令，似乎要讓他在被教育的幾年裡充分承受磨礪勞苦一樣，那這麼做的結果又會怎麼樣呢？可能你會說：你不是一次次明確的說不需要孩子看書習字的嗎？我們這有個人書讀得不好，把霍普金斯（Hopkins）與霍爾斯坦（Holstein）的身分都給記混了，認為他們倆都是世界上最了不起的詩人，難道你想讓你的孩子變得比那個人還要愚蠢嗎？那麼我

在這裡請求你不要那麼衝動急躁，因為我同樣覺得人是一定要看書、習字和掌握學識的，不過這些並不是最重要的任務。我認為，倘若一個人認為聖者或賢者不比大學生更為難得，那麼你肯定覺得這個人是愚蠢的。我並沒有否認，對於智力與心理健康的人來說，學識的確有助於品德和智力的提升，這一點我是贊同的，但與此同時，我們也不得不承認，針對那些心理與智力並不健全的人來說，學識讓他們顯得更為蠢笨，甚至是變成不能學習到知識與文化的人。所以在你研究孩子的教育，為他尋找老師的時候，不應該只是考慮到了拉丁語以及邏輯兩方面，這才是我所想要表達的中心思想。學識誠然是必不可少的，但也僅僅是用它來輔助更為重要的德行，不應該排在首位。你要努力為孩子找到一位懂得怎樣盡心盡力幫助他成長為一個紳士的人來當他的老師。這樣的老師會盡可能使你的孩子保持純真，珍惜你孩子的優點並且加以培養，將他的缺點以溫和的方式改正，使之形成優良的習慣。問題的關鍵就在於此，只要這樣做，我認為不但可以去追求學識，還可以使用我們能尋求的辦法來獲得學識，那就可以獲得事半功倍的效果了。

二、知識教育的具體意見

（一）怎樣引導孩子學習

當孩子長到可以講話時，就應當讓他開始學習閱讀。然而

我要提及一件極其容易忘記但卻與此關係緊密的事情，且要再三囑咐一下。這件事情就是，你應當竭盡全力注意，絕對不能將讀書看成是孩子的工作，也不能讓孩子把讀書當作一項工作。我之前就講過，在我們還是嬰兒的時候就熱愛自由，因為這是我們的本能，因此我們之所以會對一些事情感覺到厭煩，並沒有其他的原因，僅僅是由於那些事情都是強加給我們的。我經常會有一種奇特的想法：將學習變成孩子的遊戲或者娛樂項目，我認為假如孩子能夠把學習看成是滿是榮譽、聲望、喜悅以及具有娛樂趣味的一件事，或者將其作為某件事情的嘉獎。如果孩子從來沒有由於忽視了學習就遭受斥責或者處罰，那麼孩子將會是期望求學受教的。有個事情讓我覺得這種觀點更加令人信服，這件事情就是，在葡萄牙，孩子把讀書學習當成一種流行與比賽，以致無法控制，孩子互相學習，並且心無旁騖，猶如有人不允許他們讀書學習一樣。在我的記憶裡，有一次我借住在朋友家裡，我朋友的小兒子當時還是個幼童，當時我朋友的妻子在家中教孩子讀書，但讓這個年紀的孩子讀書是一件非常不容易的事情，因此我就勸我朋友換個辦法，不要讓孩子覺得讀書是自己的一項任務，我們要有目的的進行探討，並且要讓孩子聽到，然而他卻毫不在意。於是我們故意談論說，做學生是嫡子和長兄才擁有的權利，他們在讀書之後就能夠成為完美的紳士，獲得所有人的喜歡，至於讓弟弟接受教育，乃是賜予他們的一種恩德，讓他們讀書學習本就是他們分外所得，只要他們喜歡，儘管讓他們成為一些沒有學識的村夫好了。這個辦法果然奏效，從那之後，那個孩子主動要求

接受教導，他會親自來到母親面前讀書學習，他要求別人聽他唸書，不然就不讓人家清靜。我認為，對待別的孩子也能使用類似的辦法。只要我們找到了孩子的脾氣秉性，就能夠把有些觀點注入到孩子的腦海中，讓孩子自己願意學習，將學習當作一種遊戲或者娛樂。然而，就像我之前講過的那樣，絕對不能把學習當成孩子的責任，也不能讓孩子把學習當成一種煩惱，我們完全可以把字母黏在被子以及玩具的上面，在做遊戲的時候，教導孩子學習字母。除此之外還有很多適合孩子脾氣秉性的辦法，能夠讓孩子將學習當成遊戲。

依照這樣的狀況，完全能夠指引孩子學習與字母相關的知識，在孩子學習閱讀的時候，也沒有必要不苟言笑，要讓孩子認為這是一種遊戲，別人要在受到皮鞭威脅的情形下才去學習的事物，他們在遊戲中就能學會。孩子不能將一切例如工作或者其他嚴峻的事情加在自己的身上，這樣的事情是孩子的精神和身體都不能夠承受的，這樣的事情會讓孩子的健康遭受傷害。我認為，很多人之所以厭惡書本以及學問，就是由於當他們處在仇視以及所有諸如此類的管教的年紀時，被限制在了書本中。這樣的狀況與暴飲暴食的情況相同，吃撐以後所產生的對食物的厭惡是很難消滅的。

因此我認為，如果在一般的情況下沒有可以使用的玩具，同時也無法達到教導的目的，那麼我們就要想方設法讓孩子認為讀書學習是他們所進行的遊戲。比如，如果我們仿製一個皇家橡樹彩券抽獎時使用的圓球，製作一個三十二面或二十四面或二十五面的象牙球，之後在一部分的面上黏上 A 字母，在一

部分的面上黏上 B 字母，剩下的面上分別黏 C 以及 D 字母，你覺得怎麼樣？我的觀點是在開始的時候，你就只黏這 4 個字母，甚至只黏兩個字母，等到孩子把這些字母記在心裡之後，再根據實際情況逐漸增加，直到所有的字母都黏在球上為止。我希望讓其他孩子在他的眼前玩這個象牙球，而且在玩這個象牙球時可以採用打賭的方法，看看誰可以最先投擲出 A 字母或 B 字母，這和擲骰子是一樣的，就像看誰可以最先得出 6 點或者 7 點，簡直一模一樣。這是成年人的遊戲，千萬不要引誘孩子參加，省得你將它當成一種工作。這是由於我不想讓孩子覺得這只是成年人的遊戲，我覺得孩子自然會喜歡這樣的遊戲。為了讓孩子有理由相信這是一種遊戲，並認為只有獲得他人善意的認可才能參加這個遊戲，做完遊戲之後，就要把球收起來，不要讓孩子拿到，避免孩子長期占有這個球，進而讓他覺得象牙球枯燥無味。

如果想要保持孩子求知的熱情，那麼應該讓孩子認為這是屬於成人的遊戲，等到孩子使用這樣的方式，認識字母以後，你再把字母改為音節，孩子就能夠悄無聲息的學習讀法，不會為此遭受斥責或者紛擾，也不會因書本中存在拼寫相關的複雜用法而讓孩子看到書本就像看見仇人一樣。假如你仔細觀察孩子，就可以看到，孩子經常耗費極大的力量去學習幾款遊戲，但是如果這些遊戲是他人強加給孩子的，那麼孩子將會厭惡它們，就像厭惡職責和工作一樣。我認識一個身分地位極高之人，他把六個母音字母黏在一個骰子的六個面上，並將剩下的十八個輔音字母分別黏在其他三個骰子上面，把這個當成其

孩子的一項遊戲，看誰可以一次用這四個骰子投擲出最多的字數，擲出最多的字數為獲勝者。他的長子在當時還是一個孩子，全神貫注的投入到這個遊戲當中，在遊戲的過程之中自己就把拼音學會了，從沒有被迫去學，也沒有為此遭受過責罵。

我之前看到過一些小女孩，花費了很長的時間，竭盡全力，要將自己變成投擲石子的專家。我在一旁觀看的時候，不由得感慨，真是非常可惜，缺少一種很好的設計，可以讓這些小女孩充分利用她們的專注和努力，去做一些對她們更加有益的事情，我認為這絕對是年長之人的過失和忽視所造成的。孩子沒有成人那麼喜歡偷懶，假如孩子好動的個性沒有用在好的事情上面的話，那就應當譴責成年人，假如成人願意花費哪怕很少的力氣，對孩子加以指引教導，那麼這些孩子必定願意追隨他們，在一般情況下那些好的事情也能夠成為孩子的遊戲並讓孩子獲得喜悅。我猜想，以前肯定有一些非常聰明的葡萄牙人，他們在自己國家的孩子中開創了良好的風氣，就像我已經說過的那樣，要禁止他們的孩子讀書學習是一件絕無可能的事情。在法國的一些地方，在孩子很小的時候起，就開始相互學習唱歌和跳舞。

在孩子剛開始學習的時候，一定不要使用大寫字體，當孩子可以順利的讀寫小寫印刷字體的時候，他自然不會無視大寫字體，孩子在最初學習時千萬不能有太多的變化，避免讓孩子感到糾結迷茫。你也可以將這樣的骰子當成和皇家橡樹相同的遊戲去玩，這也不失為一種變化，在做遊戲的時候，你把櫻桃或者蘋果等事物當成賭注。

　　還有就是，但凡是喜愛這樣方式的人，只要他們喜歡，那麼就會很容易發明出很多其他的透過字母來玩的遊戲，並以此達到目的。但是，我認為前面所講的那四個骰子的遊戲是極其簡便容易且有用的，要找到比這個更好的遊戲恐怕不太容易，所以或許也沒有這個必要去耗費心神的尋找。

　　有關學習閱讀這個問題，我已經說了很多了，那就是千萬不要逼迫孩子學習，也無須為此責罵孩子，你應該盡你所能的指引孩子去閱讀，然而不能將此當成孩子的一種工作。在孩子能夠閱讀以前，寧願讓孩子晚一些學會讀書，也不要讓孩子對學習產生厭惡的心理。假如你要和孩子爭辯，那麼應當局限在那些迫切的關係、真理以及好的事情上面，千萬不要將 ABC 作為職責強加在孩子身上。應當透過你擁有的技能，讓孩子的意志變得柔和，順從理智。你應當教導孩子喜歡信用以及讚賞，害怕被他人誤會或者忽視，特別害怕被你以及他的父母無視，之後剩下的一切就能夠輕鬆簡單的發揮作用了。但是，我認為，假如你計劃那樣去做，你就不能在一些沒用的事情上制定下太多的規則，對孩子加以約束，也不能由於孩子任何一個不值一提的錯誤或者是別人認為的大錯誤，就去責罵孩子。對於這個問題，我已經講得太多了。

（二）適合孩子閱讀的書籍以及正確的學習方法

　　當孩子用這樣溫順的方式開始讀書學習的時候，你應當選一本通俗易懂、有意思並且適合孩子的書，放到他的手中，只要孩子發現了書中的樂趣，那麼書本就能夠指引孩子前行，並

且將其當成孩子辛苦讀書的酬勞，但是選擇的書本不能讓孩子的思想中單純的充斥著空虛、無聊、華而不實的事物，更不能讓孩子在頭腦中形成罪惡和無知的根源。我認為《伊索寓言》這本書就是可以達成這一目的的最優讀本，《伊索寓言》由一些故事構成，能夠讓孩子感覺快樂與滿足，然而成人也能夠從中得到一定且有益的反省，如果這些故事能夠永遠的保存在孩子的記憶中，甚至在孩子長大成人以後，也依舊保留在他們的腦海及其所做的事情之中，那麼他也絕對不會對此產生任何懊悔。當這種書籍所涵蓋的知識內容增加的時候，例如孩子的《伊索寓言》裡面是帶有插圖的，那麼更會讓孩子感到欣喜若狂，並能夠鼓勵孩子讀書求知，因為孩子的看法之中如果沒有這些鮮活直覺的東西，只是聽旁人說，是不起什麼作用的，而且無法得到滿足。這些看法可以從聲音中獲取，而不只是從事物的本身或者圖片上獲取。所以我覺得在孩子開始學拼音時，你就應當竭盡所能的把可以找到的動物圖片拿給孩子，並且圖片上要印有動物的名字，這樣的方式一方面能夠讓孩子閱讀，同時又能夠給孩子一些可以提出問題以及求知的資料。我覺得《列那狐的故事》是能夠達到這一目的的另外一本圖書。當孩子明白好學不倦及樂在其中這個道理的時候，假如孩子周邊的人常常與他探討他之前讀過的一些故事，並聽孩子講述這些故事，那麼對孩子的閱讀會是一種鼓勵，其餘的好處暫且不說。一般情況下所使用的方式與此相比，好像完全可以忽視了，因為初學者通常會花耗費很久的時間才會產生好學不倦及樂在其中的感覺，但在沒有入門之前，孩子只會覺得書本是一種流行

的娛樂或者是無緣無故的煩惱，沒有任何用處。

（三）如何練習寫字繪畫

　　當孩子可以流利的閱讀英語時，也就能讓孩子去學習寫字了。此時，第一件應該教會孩子的事情就是如何準確的握筆。在孩子寫字之前，應當先學會怎樣握筆，否則的話將會吃到苦頭。如果一個人想要把所有的事情做好，就不應該一次攬過多的事情。假如一個動作可以被分解成為兩個部分，那麼孩子不應該奢求可以同時將兩個部分的動作都完美的駕馭，不但孩子是這樣，其餘所有人皆是如此。我認為義大利人僅用大拇指與食指握筆的方法大概是最佳的方法，然而關於這個問題你能夠向任何一個優秀的書法老師或者任何一位寫字寫得好且快的人請教。在孩子掌握了如何握筆之後，接下來就應當學習如何鋪紙，如何放置手臂，還有就是如何保持身體的姿勢。以上所有練習全部做完以後，有個可以教孩子學習寫字並且非常簡單的方法，那就是找到一塊木板，並把你最喜愛的字體刻在木板的上面。然而你一定要記得，在木板上面刻的字要大於孩子通常情況下寫的字，這是由於無論怎樣的人，在被教授學習書法的時候，開始的時候字寫得總是比較大的，之後就會自然而然的越寫越小，並絕對不可能會越寫越大。刻好木板以後，你可以拿幾張上等的書寫用紙，然後使用紅墨水將字印下來，孩子僅僅需要選一支好用的筆，裝滿墨水，依照樣子臨摹就行。最初要為孩子示範：所有的字母從哪裡起筆，應當怎樣構成，這種做法能夠快速的讓孩子上手書寫這些字母。當熟悉這個步驟之

後，孩子就要在白紙上面進行練習，如此去做，孩子將會快速的駕馭他所喜歡的字體。

當孩子的字寫得又好又快時，我覺得孩子不應該只是一直練習寫字，與此同時還要進一步掌握繪畫技巧，用於增強手的功能。有時，繪畫是非常有用處的，特別是在旅行的時候。有些事物縱然寫滿整張紙，也無法將其表述明白，更不用說要讓人理解，然而僅僅是簡單的畫幾筆，然後將其組合，就能夠完整的表達一個人的看法。不管一個人見過多少的建築，遇過多少的車輛，或者看過多少風格的服飾，只要這個人可以發揮一下繪畫的技巧，就能十分容易的把這些事物的觀點保存並傳達給他人。如果選擇使用語言進行表達，那麼就有可能會失真，縱然表達得十分準確，然而充其量也就是留下霧裡看花的影子，事實就是如此。我的觀點並非是期望孩子可以變成多麼高明的畫家，而且要想具有較高的水準，需要耗費很多的時間，這並不是每一個年輕人都願意做的，況且他還需要將時間花費在其他更為重要的事情上。然而，如果只求掌握透視的畫法和技巧，並且除了人像之外，還可以將其他可視的東西在紙上呈現出來，並且看得過去，也就行了。我認為這樣的技巧很快就能夠學會，尤其是擁有繪畫天賦的人。但是，如果缺少這方面的天賦，那麼除了一定要做的事情之外，就讓他平和的過去就可以了，不需要讓他因此而受到紛擾。所以在繪畫或者其他所有不是必須要做的事情上，規則都是相同的，也就是不要違背雅典娜的意思。

曾經有人告訴我，速記是被當作藝術的，這件事情只有在

英格蘭才被人知曉，並且覺得這是一件非常值得學習的事情，其具體原因就是：一方面速記是能夠方便人們記住想要記下的事物，另一方面就是能夠藏匿人們不想公諸於眾的事情。這是由於只要學過文字之人，無論何種文字，都能夠輕而易舉的對那種文字進行轉換，讓其適用於自身的私密或某種奇想，假如再緊縮一下，就能夠方便的適用於自身所從事的工作，並為其提供便利。里奇（Rich）先生創造的速記方法是我看到過的最好的速記方法。我覺得，只要是通曉文法，並且又願意在此領域研究，就能夠把速寫變得更加簡單。然而學習這樣的縮寫方式，是不用急於尋找老師的，等到孩子的手可以運筆自如，且寫字寫得又好又快時，再尋找恰當的時機去學習這種方式就可以了。這是由於孩子基本用不上速記，在他們寫的字還沒達到出神入化的水準，且成為習慣之前，絕對不要去練習速寫。

（四）老師應當掌握的合理的教學方法和技巧

在對孩子進行教育的過程中，我覺得有些規矩是一定要遵循的，好比在大部分情況下，假如孩子遇到了難題，就不適合使用提問的方法，要讓孩子自己去探索解決困難的途徑，原因是不這麼做的話會讓孩子變得更加茫然。比如問孩子要解釋的句子裡的主格是什麼；又比如當孩子無法快速回答出問題的答案時，由於想讓孩子弄清楚一個詞語的意思，就先要詢問孩子是否知道另外一個與之意思相近的詞語。這樣做就是白白浪費時間，並且會讓孩子感覺不安；原因是在孩子聚精會神學習時，應當具有良好的心境，要讓所有的事情都變得簡單，竭盡

全力讓孩子感覺快樂。因此不管孩子在何種地方遇到阻力，但他又想繼續前行的時候，就不能譴責和埋怨孩子，而是應該馬上幫助孩子解決問題。一定要記住，假如老師選用的方法比較嚴格以及刻薄，這是自大以及狂躁性情的表現。老師希望孩子可以掌握和他相同的知識量，但事實上，他應該明白，他的職責是教給孩子養成良好的習慣，而不是暴躁的反覆向孩子灌輸規則，對於我們的言行舉止而言，規則的作用沒有多大，而且對於孩子來講基本沒有任何的用處，因為孩子一般對於規則來說都是左耳朵進右耳朵出。我承認，在需要進行理智分析的科學上，這種方式有時是可以改變的，比如可以刻意製造一些困難，進而激勵孩子更加努力，讓孩子的心理習慣於全心全意進行推理。不過我認為，如果孩子處於幼兒時期或者是處於了解知識的初期，這個方法是不可行的。因為這個時期所有事情本身便是艱鉅的，老師的重大作用以及能力都是盡盡全力的讓所有事情變得簡單，特別是在孩子的語言以及學習問題上面。這是因為 —— 憑藉死記硬背以及習慣才可以掌握的語言，當可以流利自如的進行表達時，所有的文法以及規則都將通通被置之腦後。我不否認，語言的文法很多時候是需要非常謹慎認真的加以鑽研的，然而這樣的鑽研只能讓一個陶醉其中、可以批判性的運用某種語言的成年人去做，專業人士之外的人幾乎無法勝任這樣的工作。我認為大家一定會贊同這種說法，假如一個紳士想要鑽研一種語言，那麼他就應當選擇鑽研他自己國家的語言，更便於他對自己常常運用的語言進行絕對準確的了解。做老師的人不應該為自己的學生設置阻礙，而是應該讓學

生的道路越來越平坦，在學生瞻前顧後的時候，應該馬上出來幫助學生繼續前行，這都是基於另外一個更加深層次的原由。孩子的心理是狹小和柔弱的，一般情況下每次僅僅包含一種想法。不管孩子的腦海中萌發了怎樣的想法，都會立刻被這個想法所糾纏，特別是同時帶有情緒的時候，就更是如此。因此，在孩子學習每一件事物時，老師應當展現自身的能力，為孩子掃除所有的障礙，最好是讓孩子的內心騰出一塊地方，全神貫注的接納他們應該接納的觀念，否則這些觀念將不可能在孩子的心中留下任何的印象。孩子的天性讓其心理搖擺不定，任何稀奇古怪的東西都能夠吸引孩子的注意。當這樣的東西出現的時候，孩子就會馬上進行嘗試，但嘗試之後他們很快就會對其感到厭煩。因為對於同一件東西，孩子會很快感到厭煩，因此孩子的喜悅大部分都建立在改變以及多樣化上。將孩子紛繁百變的觀念固定住，這與孩子所具有的天性是相互違背的，不知道這種情況應當歸結於孩子腦筋的特質，還是由於孩子血氣方剛、不夠穩定，導致他們在心理上無法對其進行絕對的掌控。讓孩子把思想長時間用在某一件事上面，這對孩子而言是一種痛苦，這是人所共知的。孩子的苦差事之一就是長時間集中自己的注意力。因此，但凡希望孩子專注和努力的人，應當盡可能提出令人高興的提議，至少也應當盡量避免帶來讓人消沉或者恐懼的意見。假如孩子把書本拿起來時完全沒有高興和興趣盎然的感覺，那麼孩子的思想自然而然就會遠離讓他們心生厭煩的事情，並且會在讓他們相對高興的東西上尋找更大的喜悅，之後懶散也將無法避免，所以這就成了一件不足為奇的事

情。我很清楚當老師的人經常使用的教育方式，就是努力讓學生集中注意力，假如發現走神的學生，他們就會對其進行責罵和處罰，從而讓孩子把心思放在當時正在進行的事情上。然而這樣的方式必定會產生事與願違的效果。老師憤怒的言詞以及打擊讓孩子的內心充滿恐懼，而且這種恐懼會快速的蔓延開來，進而占據孩子全部的內心，使他的內心再也無法容納其他的東西。我堅信，讀完上面這段話之後，很多人都會想起父母或者老師曾經有過的蠻橫行徑以及專制的責罵，還有就是這些事情對自己的思想造成的傷害 —— 當時他們的腦袋變得一片空白，以致當時父母或老師說了什麼、自己聽到了什麼，都完全茫然無措。對於所處環境的觀察能力也會立刻喪失，而且心中充斥著混亂和驚慌，在那樣的情況下，他們再也無法注意任何的東西。確實，父母以及老師應當讓接受教育的孩子對自己產生敬畏之心，從而樹立自身的威嚴，並用此去教導孩子。然而在掌握了孩子的支配權之後，父母以及老師應該極其小心的使用這項權利，不能讓自己變成嚇唬小鳥用的稻草人，否則在他們的注視下，孩子就一直顫抖個不停。儘管這樣嚴苛的方式很容易控制孩子，但他卻並未對孩子帶來多少好處。孩子的思想如果被某種情緒 —— 特別是恐懼、害怕的情緒所操控和侵犯，就不應該繼續學習，因為這樣的情緒會對孩子單純柔弱的精神造成極其劇烈的影響。如果你想讓孩子心理接受教育或是增強知識，那麼就應當讓其保持穩定。因為一顆不穩定的心靈是無法寫出好看、工整的文字的，就好像你無法在一張顫抖的紙上寫出好看、工整的文字一樣。老師具有的出色能力

就是讓學生的注意力保持集中。只要把學生的注意力集中，老師就能夠在學生力所能及的範圍內向前推進。假如老師無法讓學生的注意保持集中，那麼他全部的忙碌和努力也就失去了意義。為了達成這個目的，老師應當讓孩子清楚他所傳授的知識的用處，應當讓孩子明白，透過他學習的知識，可以把之前無法做的事情做出來。這樣的事情會為孩子帶來力量，讓孩子擁有真正的優勢，並超過所有對此茫然不知的人。除此之外，老師在進行管教的時候，看起來一定要平易近人，老師可以透過謙遜的言行舉止，讓孩子清楚老師是非常愛他的 —— 老師煞費苦心也是為了他好，這可以激起孩子身上的愛心，也是讓孩子專心向學，喜歡讓老師管教自己的唯一辦法。除了頑固不化之外，對待任何一件事情都不應該使用專制以及強橫的辦法。應該使用和藹可親的方法去糾正孩子一切的錯誤，因為溫和鼓勵的話語可以更好的建立孩子的思想，更行之有效的對孩子的內心發揮作用，甚至能夠在一定程度上防止強橫粗暴的情況，不會讓一個健康、寬容的心靈變得剛愎自用。當然，應該對固執的個性以及疏忽職守進行嚴格管控，哪怕對其進行鞭笞也要這麼做。然而我覺得，學生的剛愎自用通常是由於老師的剛愎自用才形成的。除此之外，假如孩子不是受了沒有必要或者使用不得其法的粗暴對待，導致叛逆性格的產生，甚至是討厭自己的老師，討厭從老師那裡學來的所有東西，那麼，絕大部分的孩子都不應該遭受體罰。熟視無睹、粗心健忘、喜新厭舊、精神恍惚，以上都是孩子身上的自然缺點。因此，只要孩子不是成心表現，就應當予以和藹的提示，假以時日，慢慢的將其

克制。假如屬於這種缺點的所有錯誤都會激起憤怒和斥責，那麼責罵與處罰必定會發生很多次，以致老師在學生的心裡變成了一個讓人恐懼的存在。僅僅這一點就足以讓學生無法在老師講課的過程中學到知識，更會讓老師的所有教學活動都徒勞無功。老師應該經常對孩子表現出熱忱和善良，並以此來調節孩子內心對他產生的那種敬畏之心，這種熱忱和善良的情緒能夠鼓勵孩子完成本職工作，讓他心甘情願的遵從老師的命令。這樣的話就能夠讓孩子獲得老師的青睞，能夠讓孩子在聽從老師的話的時候，猶如聽從對其關懷備至的朋友的話一樣；能夠讓孩子在和老師相處時候感覺舒適自在。只有在獲得這樣的情緒以後，內心才能接納新的知識，才能允許一切印象進入自己的內心。假如這些印象不能被孩子的心靈接納並保持的話，那麼，孩子與老師合作以及所做的所有事情都是白費，而且學習的成果也微不足道。

（五）普通文化課的設置以及學習方法

之前已經說過，孩子在學習法語或者拉丁語的同時，也可以開始地理、算術、幾何、年代學、歷史等學科的學習。假如使用法語或者拉丁語來教孩子學習這些知識的話，只要孩子掌握其中的一種語言，就可以在學會語言之餘掌握其他學科的知識。

我覺得可以從學習地理開始，這樣不僅能夠了解到地球的地貌與世界四大區域的地理位置和邊界，還能夠了解一些特別的王國和國家的地理位置以及邊界。但是，這只是在訓練孩子

的視覺以及記憶力，孩子必定會高高興興的去學習，而且會把自己學到的事物牢牢記住。這是毋庸置疑的。此刻，我所居住的房子裡就有這樣的孩子，孩子的母親就是使用這種方式教授她的孩子學習地理知識的，效果非常顯著，孩子還不到六歲，就已經能夠說出世界四大區域的邊界。假如向這個孩子提一些關於地理的問題，他可以馬上把每一個國家都在地球儀上面指認出來，還可以把英格蘭的每一個郡縣都在地圖上指出來。這個孩子了解世界上所有大的江河、海角、海峽以及海灣，可以將所有位置的經緯度尋找出來。我認為，這個孩子在地球儀上所掌握到的東西，自然不只是這些只利用視覺和記憶力就能掌握的東西。但是這是一個穩固的基礎，是為達成目標所做的準備，只要孩子的判斷能力達到足夠成熟，剩下的所有事情都會變得易如反掌，現在孩子具有非常充足的時間，並且受到求知的喜悅的驅使，在無聲無息之中就能夠把語言學會。

當孩子把地球儀上面所有的位置都記住了以後，就可以去學習算術了。我這裡所說的地球儀上所有的位置，指的是使用各種稱號以及國別所稱呼的陸地和海洋的位置，並不包含有些人造以及設想的邊界，因為這些邊界都是人們想像的，只做改進地理科學使用。

算術是內心已經形成的、習慣於讓自己進行抽象推理活動一門最簡單、排在首位的學科。在平時的生活以及各項事務中，算術都有著廣泛的應用，如果沒有算術，那麼幾乎一切事情都無法辦成。當然，一個人不可能過多了解算術，也不會非常完善，但只要具有了計數的能力，就應該馬上進行練習，每

一天都應該進行這方面的練習，直到完全掌握。當他把加法和減法都學會之後，就可以向前推進，去學習地理知識，等到明白了兩極、帶、平行圈以及子午線的意思之後，就能夠教他學習經緯度，從而讓他利用經緯度去學習如何看地圖，再透過地圖兩側所寫的數字去尋找一個國家的地理位置，進而從地球儀上面找到這個國家。上面的知識全都學會以後，就能開始研究天球儀了。他應當把所有的圓圈都重溫一遍，特別要重點觀察的是黃道或者黃道帶，一定要在心裡把所有的知識點都了解得非常透澈，之後就能夠講授各個星座的形狀和方位，首先可以在天球儀的上面進行示範，之後再轉向天空中的實物。在把這些事情全部做完以後，當他對我們所在半球的星座一清二楚以後，就能夠把一部分和我們所在的行星世界有關的看法傳授給他，為達到這個目的，可以讓他了解哥白尼學說的大致內容，並且向他說明行星的位置以及每個行星和其旋轉中心（太陽）的距離。這就能夠利用最容易、最自然的方法，讓他明白行星如何運行以及與之相關的各種學說。天文學家已經確定行星圍繞太陽運行，那麼老師就應該從這樣最簡單扼要，最無須質疑的方面來向孩子們傳授知識。不過這方面與其他方面的管教是相同的，在教授孩子的時候一定要謹慎仔細，要從最簡單的部分開始教授，每次所教授的東西要盡可能少，等到這些知識深深扎根於孩子的腦海之後，再繼續展開教學工作，教授這門學科中的新知識。一開始，還要向孩子灌輸一個容易接受的觀點，當看到孩子能夠準確的將其吸收，並將其完全理解之後，接下來要做的事情就是，在達成你所期望的目標的過程中，選

第二個容易接受的觀點，並將其加到第一個觀點的上面，這樣溫柔的、無聲無息的一點點的向前推進，不會錯亂，也不用慌張，就能夠開啟孩子的悟性，拓展孩子的思維，甚至能夠遠超人們的期望值。除此之外，假如想讓一個人把某種知識全都學會，就要讓這個人擁有牢靠的記憶，並要激勵這個人不斷前進，最佳的辦法就是讓這個人把這種知識傳授給別人。

當他根據上面的方法充分掌握了與地球儀、天球儀有關的知識以後，就可以去學習幾何了。我覺得，歐幾里得的前六本書，基本上滿了學習幾何的需求，再多學習一些到底是不是有必要或者有用，我也不敢確定，不過至少有一個問題是明白無誤的，就是假如他擁有學習幾何的天賦和興趣，在學習過非常多的知識以後，縱然沒有老師的教誨，他也依然能夠獨立進行鑽研和學習。

因此，地球儀以及天球儀是應當不斷進行探究的，並且應當勤加探究。我覺得，假如老師可以謹慎的辨別什麼事情是孩子可以了解的，什麼事情是不應該被孩子了解的，那麼學習就可以更早一些開始。這裡有一條應用範圍極其廣泛的規則，就是只要在孩子的感知限度以內，特別是在視覺感知限度之內，不管什麼事情，都能將其教授給孩子，權當是對孩子記憶力的訓練。例如當孩子處於幼年時期的時候，孩子幾乎是在剛剛清楚自己所住的位置後，馬上就能夠從地球儀的上面學習並清楚赤道與子午線、歐洲與英格蘭處於什麼地方。假如有什麼事情是需要注意的話，那就是千萬不要一次性教得過多，在還不能將所教授的知識完全領悟以及還不能讓它在記憶裡扎根時，千

萬不要再教新的知識。

年代學與地理的教學活動應該同時展開。我所指的是年代學的概況，以便讓孩子對完整的時間進程與歷史上無數的顯耀時刻能夠有一定的認知。如果沒有這兩門學科，歷史作為精通、持重以公民知識的掌控者，理應被人們進行適度的鑽研。但是我依然要強調，假如沒有地理和年代學，那麼歷史在人們的記憶裡將會嚴重失真並將失去任何意義，以至於淪落成既沒有任何秩序，也沒有任何教益的一堆雜亂無章的事實資料。但是有了年代學以及地理這兩門學科之後，就可以將人們的行為活動按照時間和國別對號入座，放到恰當的位置上，這樣的話，不只可以將那些行為活動記住，而且只有在這樣的自然秩序之下，才方便進行揣測，進而讓人在閱讀時成為更好且更加能幹的讀者。

我之所以說讓年代學變成孩子通曉的學科，並不是讓孩子了去記住年代學裡面存在的各種瑣碎爭議。這樣的瑣碎爭議是漫無邊際的，但大多數都無足輕重，儘管很容易就能得出結論，卻不值得進行深入研究。所以，應當完全避免觸及年代學家的學術性爭論。在我見過的所有關於年代學的書籍之中，我認為最有用的一本是《年代學要略》，這本書總共印刷了 12 次，孩子應該具有的關於年代學的所有知識都可以從這本書中找到。它把所有最有名或者最有用的時間點全都轉化成了儒略曆，這樣在學習年代學時就變得非常方便、簡單、可靠。除了《年代學要略》外，還有《年代表》，這也是一本可以應用於所有場合的好書。

歷史可以讓人獲得經驗，也可以讓人獲得喜悅。因為歷史可以讓人獲得教益，所以應當讓成年人加以鑽研；因為歷史可以帶給人喜悅，所以我認為它非常適合少年去學習，只要少年學了年代學，並了解本地所經歷的時期，而且可以讓其變成儒略曆，那麼這個少年就應當去學習一些與拉丁語有關的歷史。選擇教材時一定要把文體平易當作標準，不管他從哪個地方開始讀起，只要依靠年代學，那麼他的閱讀就不會亂套。除此之外，有意思的題材，也能吸引他閱讀，在無聲無息中可以把該學的語言學會，不會像大多數孩子那樣，由於要閱讀對他們自身來說力不從心的書籍，就像羅馬演說家以及詩人的作品——閱讀這些作品的目的僅僅是為了學習羅馬的語言，所以他們就會感到非常傷腦筋，甚至變得疲憊不堪。當他閱讀並理解了一些文字較為淺顯易懂的作家的作品之後，再去讀一些稍微有些難度的作家的作品，也不會有什麼太大的問題。如此一來，從文體簡捷且易懂的歷史學家逐漸拓展到思想最深奧、性格最豁達的拉丁語作家的作品，例如西塞羅（Cicero）、維吉爾（Vergil）以及賀拉斯，這些人的作品都可以很輕鬆的拿下。

假如孩子最初的時候就在自己力所能及的事情上面，大多經過實踐、很少憑藉規則去學習與德行相關的知識；假如孩子可以具有珍惜榮譽、不屑滿足私欲的習慣，那麼我覺得孩子就沒有必有再去閱讀其他關於道德的書籍了。除此之外，為了尋求生活的指引，掌握德行的原則以及規定，如果他已經掌握了倫理學的體系，那麼他也不一定非要像其他學生一樣等掌握了拉丁語之後才去閱讀西塞羅的《職務論》。

　　在孩子完全理解了西塞羅的《職務論》，以及普芬多夫（Samuel von Pufendorf）的《論人及公民的責任》以後，他就應該繼續學習格老秀斯（Hugo Grotius）的《論戰爭及和平的法律》，或者由普芬多夫所著的另外一本好書──《論自然及人類律》的書籍。這是民法和歷史的重點部分，不但需要了解，還需要常常心神專注的去深入研究，永遠都不會有所成就。如果一個年輕人品行優良，並可以掌握民法知識，懂得拉丁文，字也寫得非常好，那麼這位年輕人一定能夠嶄露頭角，也能夠憑自身本領找到工作，並在每個地方都得到器重。

　　假設有人覺得一個英國人沒有必要了解自己國家的法律法規，這種觀點恐怕就會被認為是一種謬論。特別是要想成為一位紳士，不管到了哪裡，都是必須要懂得法律，不論是一名保安官還是政府的部門主管，我認為不管什麼地方的人，如果不了解法律，便不會覺得踏實。這裡我所指的並不是法律中的奸惡、爭辯以及胡搞蠻纏的部分，也不是為了在某件事情中得到回報，並避免去做另外一些事情的技巧，而是為了探究真理的是非對錯。當他絞盡腦汁想要為國服務的時候，這個人是不該以這種方式去研究法律的。出於這種目的，我覺得一個不是打算畢生從事法律相關工作的人，要想正確的研究英國的法律，可以去瀏覽英國現代以及古代那些不成文的法律之中關於政府的論述，還有近現代作家的一些作品，從而來了解英國政府。一旦他能夠以一種正確的態度來看待法律，那麼他便能夠去閱讀英國史，因為歷史中所有的王朝都會把當時制定的法律加上，這樣的方法能夠展現我們英國各種法律誕生的始末、制訂

法律的實際依據及其所占有的地位。

修辭學以及邏輯被認為是一種藝術，根據常規情況，一般會緊跟在文法後面進行學習，大家可能會覺得奇怪，因為我之前很少提及這些。這是由於，年輕人幾乎無法從中獲益，我很少看到或者說從來沒有看到過有人可以透過學習這些來教會別人進行嚴密的推理，或者讓自己的言行變得文雅、提高自己的說話技能。所以，我的觀點是，年輕人只要知道它們最基本的框架和體系就可以了，不用一直停留在那些固定模式的思考以及探究上面。對於這個問題的思索，不在我當前要講的話題範圍裡面。暫且回到我們目前的問題上面，假如你期望孩子善於推理，那麼你應該讓孩子讀相關作品；假如你期望孩子出口成章，那麼你應該讓孩子通曉西塞羅寫的作品，進而獲得有關雄辯術的精髓；你還可以讓孩子閱讀那些用英語寫成的表達非常完美的作品，以提升孩子的英語寫作水準。

（六）口頭以及書面語言能力的培養

假如具有對事物的正確觀點以及判定就是進行準確推理的目的和作用，是為了區分真假和對錯，並根據所得到結果進行實踐，那麼，謹記千萬不要讓孩子學習那些辯論的技巧和套路。因為孩子不但不應該去實踐這些東西，而且也不能生出羨慕別人可以這樣做的想法。除非你真的想讓自己的孩子成為一個不具備任何才能、只會信口雌黃的爭辯者，只想著在辯論中堅持自己的意見，將跟別人對立當成一件讓自己感到驕傲的事情，更加糟糕的是，他會懷疑所有事物，覺得爭論之中唯一

可以得到的東西就是勝利，而其中絕對不存在真理這種東西。世界上最不忠厚、最不具備紳士風度以及每一件自認為理性動物所做的事情，就是不遵從淺顯且毋庸置疑的道理，不信服清清楚楚、明明白白的證據。不管對方的回覆多麼完美，多麼令人滿意，他一定要堅決爭辯，只要可以使用似是而非，且含有歧意的詞語裝飾自身的論點，和他人發生爭辯，或者是彰顯自身的獨樹一幟 —— 不論對錯，不論所說的話是否恰當，是否有意義，哪怕與自己之前的觀點完全相悖，他都毫不在乎。世界上所有不文明的談話以及不符合辯論目的的事情，都是非常出格的。關於這個問題，整體來說，由於邏輯爭論的方式和目的，在辯論時正方是絕對不可能認同反方的任何觀點的，反方也絕不可能認同正方的任何觀點。雙方都絕對不可能完全依照真理以及知識進行辯論，否則他將被看成是不幸的失敗者，遭受自身信念不堅定的羞辱，這就是辯論的重要目的以及榮譽之所在。真理須透過對事物本身進行成熟以及恰當的思索，才能被發現並得到支持，而杜撰的言辭以及強詞奪理都不可能獲得真理，這是最沒用且最讓人討厭的一種談話方式，對於紳士或者對於熱愛世間所有真理的人而言，這樣的方法是特別不合適的。

　　假如無法透過寫作或者談話把自身的觀點清晰的表達出來，那麼這或許就是最大的欠缺。但是，我覺得還是應該諮詢一下讀者，看看你們是否了解，有很多資產豐厚的人表面看來具備紳士的風度和品行，然而一到關鍵時刻，他們竟然連個故事都講不出來，更別說把一切事物闡述得明確清晰且讓人信

服，我覺得發生這樣的狀況不應該怨他們自己，而應該怪他們所受的教育，所以我一定要替我的同胞講句公道話，我覺得只要他們竭盡全力，那麼他們絕對不會被其他人超越。儘管他們學習過修辭學，然而卻從來沒有學習過怎樣應用常見的語言，其中就包含運用語言和寫作，流暢自如的表達自己的觀點。他們覺得那些精通語言藝術之人的言語以及文章包括各式各樣的辭藻修飾，而這也就是語言流利的藝術以及技巧之所在了。這個事情和所有需要親自動手去做的工作是一樣的，僅僅靠著設定好的或簡單或複雜的規則都就可以學會的，必須要根據良好的規範，最好是樹立一個榜樣，然後進行訓練和應用，直至養成習慣，能夠毫不費力的進行操作才算可以。迄今為止，人們所達成共識的一點是，在孩子具備了講故事的能力時，應當抓住時機讓孩子進行實踐，一般情況下應該讓孩子講述他們已經聽過的故事。最初，要幫助孩子糾正故事情節連結方式上存在的顯著問題。在將其糾正之後，再把次要的問題告訴孩子，如此一個一個進行糾正，一定要把全部的問題，至少是其中最主要的問題都糾正過來。當孩子可以非常流暢的把故事講出來時，你就讓孩子把故事的內容寫出來。《伊索寓言》這本書大概是我所了解的唯一一本適合孩子使用的書，這本書能夠為孩子提供素材，孩子可以將其作為英語寫作的練習素材，孩子不但可以閱讀，而且還能進行翻譯。只要讓孩子學會了文法方面的知識，就可以把一個故事的諸多情節構成一篇連貫的、前後照應的文字，而且過渡的地方不會顯得突兀和不協調，假如此時有人期望孩子在這種不需要絞盡腦汁便可脫口成章的初始

階段更進一步，那麼他可以求助於西塞羅，西塞羅所著的《論創造》的第二十節裡面，有一些內容與掌握辯論能力相關的規則，我們可以依照幾個主旨以及構想，讓孩子們去實踐這些規則，並讓他們明白，一段圓滿的敘事技巧和一種優雅的行文風格到底是如何展現出來的。這些規則裡的任意一條規則，都能夠舉出合適的例子，並向孩子展示別人是如何實施的。古代的經典作家為我們提供了很多這樣的示例，這些示例不但表現在翻譯上，而且也可以當作孩子平時模仿的例子。

　　當孩子知道如何把英語書寫得前後相互照應、恰到好處以及有條有理，並嫻熟的掌握了一種稱心如意的敘事文體之後，在他進行書信寫作的時候，便沒有必要執著於或敏捷或謙虛的表達，只要試著表達自身平和的感受，不要出現前後分離、相互紊亂或者尷尬的問題就足夠了。只要這方面完好無損，孩子就可以不斷提升自身的思想，用問候的、愉悅的、調侃的或者開玩笑的信件，去寬慰遠方的友人，同時還能夠將西塞羅的書信當作商務往來或者交際信件的最佳示例。人們日常生活當中，在很多地方都需要寫信，沒有任何一個人可以避免在這種情況下展現出自己的特點。他們隨時都能夠遇到一些機會，這令他們不得不動筆，這樣做的結果就是，除了經常會因為書信表達是否得體而影響到他的工作之外，還會將他的德行、觀點以及才能充分展現出來，從而受到比談話更為嚴苛的查驗。我們必須要清楚一點，一個人在談話中所出現的過失只是暫時的，大部分在講完以後就會蕩然無存，因此沒有必要遭受過於嚴苛的議論，也相對容易脫離人們的關注以及責問。

169

　　如果教育的方式所指向的是正確無誤的目標，那麼，人們可以想到，寫信原本就是一件必須要做的事情，無法被忽略，就像使用拉丁語寫文章作詩一樣，將這種沒有任何用處的事情強加在孩子的身上，讓孩子在力不從心的事情上面耗費極大的精力，並因為受到非自然形成的挫折而不願愉悅的在語言學習方面獲取進步。然而這種已經被人們習慣並且沿用至今的做法，又有誰敢違抗和反對呢？讓一個博學的鄉村老師教學生用英語來流利的表達自身的觀點，你覺得這合理嗎？學生的腦海之中大概根本從未產生過這樣的想法，即使是學生的母親（縱然學生的母親根本不清楚邏輯與修辭學之間到底有什麼關係），也要比他教導得好。

　　準確的書寫和講話，能夠讓一個人的魅力大大增加，並讓別人願意聽他講話。英國人經常用的語言當然是英語，因此他應該著力培養與注意修飾以及提高的文體也應該為英語。如果一個人所講或所寫的拉丁語好於英語，那麼這個人可能會變成人們議論的焦點，然而就他自身而言，與其憑藉這種微不足道的能力獲得等閒之輩的可有可無的讚揚，倒不如嫻熟的掌握自己時刻要使用的本國語言，淋漓盡致的表達自己的觀點和看法來得有用。據我了解，這個問題普遍受到忽略，不管什麼地方，人們都沒有重視過要加強年輕人所具備的本國語言的能力，便於年輕人可以充分體會並駕馭本國語言。在我們身邊，假如有人說國語比其他人更為嫻熟、道地，那麼應當歸功於機遇或者他自身的天賦以及其他的事宜，而不應歸功於他受的教育或者老師對他的照顧。對於一個從小就學習希臘語和拉丁語

的人來講，儘管他的拉丁語和希臘語程度沒有多麼高，然而讓他注意學生在用英語說或寫什麼，這樣的做法會他的自尊受到侮辱。拉丁語和希臘語是學者學習和使用的語言，只有累積了一定學識的人才能進行研究與教學，而英語則是大字不識一個的村野之人使用的語言。縱使我們某些鄰國政府覺得應該提倡民眾使用本國的母語，應該獎勵改善母語的行為，但這些絕不能只受到民眾的關心。這些政府認為，讓本國的語言變得更美、更豐富、更動聽，是國家事務中一件舉足輕重的大事，為此國家設立了學校，向老師支付了薪水，並且激發了國人想要準確使用本國語言中的書面用語的雄心，甚至展開了一系列的競賽。假如我們回想以前那些時代的情況，就能夠了解他們究竟獲取了怎樣的成績，他們如何把可能是最不好的一種語言傳播到我們這裡 — 當然也包括現在。羅馬的偉人一直在練習使用本國的語言，我們也在歷史的記載中看到過，些曾替皇帝當過拉丁語老師的演說家的名字，儘管他們本國的語言就是拉丁語。

很明顯，希臘人對本國語言的駕馭要比羅馬人略勝一籌。在他們眼中，除自己本國語言之外的任何語言，都是蠻人使用的，這個學識淵博並且聰明睿智的民族，好像從來沒有對本國語言之外的任何一種語言進行過深入研究，甚至根本就沒有重視過，儘管希臘人的學問以及哲學基本上都是舶來品。

在此我並不是不贊同希臘語以及拉丁語，我只是覺得應當對其進行研究，作為一位紳士，至少應當精通拉丁語。然而不管學習哪一種外語，即使是年輕懵懂，也應該懂得批判性的進

行研究和學習,而最應該使用嫻熟、明白暢達文雅的語言,仍然是他本國的語言。為了將這個目的達成,他應該堅持每天練習。

(七) 孩子一定要掌握的研究方法

接下來這段話,乍一看似乎只是對學者說的,不過對他們的教學以及研究工作的合理安排都有著非常重要的作用,因此我期望大家不要怪我將這番話寫在這裡。特別要強調的是,它對於每一位紳士來說也是大有益處的。不管什麼時候,假如他們對於任何的學問都不想半途而廢,立志要對其進行深入研究,讓自己變得堅韌、知足、自立,那麼這段話將十分有用。聽說次序和持久性是人和人之間產生差異的主要原因,對此我堅信不疑,沒有什麼比一個正確的方法更能幫助學者掃清道路,助力前行,它可以讓學者的研究工作變得簡單而深入。老師應當努力讓學生了解這個道理,讓學生習慣在一切運用思維的場所中遵守次序,並教會其方法,告訴他方法是什麼,每種方法都有什麼樣的優點,讓他熟練掌握很多種的方法,不僅要了解從普遍到特別的方法,而且也要了解從特別到相對普遍的方法,應當讓學生在這兩者上都得到鍛鍊,讓他明白如何根據實際狀況選擇相應恰當的方法,便於更好的為所要達成的目的效勞。

在研究歷史的過程中,位於主導位置的應該是時間的次序;在研究哲學的過程中,位於主導位置的應該為自然的次序;在所有的發展當中,自然的次序是從某個事物當時所處的位置

向周圍結合的地方推動；在內心方面也是如此，應當從內心已經掌握的學問開始，再進一步研究與其關係最近的學問，如此持續下去，就能夠從事物最簡捷、最根本以及可以分解的方面出發，實現最終的目的。從這個角度來說，假如可以讓學生習慣對已有事物認真加以鑑別，即擁有明晰的看法，不論身處何地，都可以把事物的真正差異找出來，這對他來說是十分有益處的。但是，只要他還未能擁有明晰的看法，或者還沒真正明白各自有別的道理，他就應該小心謹慎的避免從術語上進行判斷。

（八）孩子需要掌握一些文體才能

除了從實踐研究和書本中獲取知識外，還有一些素養是必須要具備的，這些素養通常需要進行練習才能具備，而且一定要有時間保證以及老師的指導。

舞蹈能夠讓人一輩子獲得一種儒雅的舉止以及出塵脫俗的陽剛氣。除此之外，還可以讓孩子逐漸產生自信。我覺得，只要孩子達到一定的年齡，擁有足夠的體力，就可以開始學習舞蹈，而不應該抱著「越早越好」的想法。你一定要找一個優秀的老師，因為他清楚何為優雅的舉止，怎樣才能讓自己的舉止變得優雅，清楚如何讓身體所有的動作都伸展自如，而且可以教會他人如何做。如果是不懂得如何教導他人的人，那還不如壓根就沒有的好。天生的愚笨怎麼也比裝模作樣要好，我覺得一個人脫帽以及彎腿致意的姿態，與其按照一個不合格的舞蹈老師所教的動作去做，還不如模仿一個誠摯的鄉村紳士的

樣子，這樣的話反而令人感到恰當。至於舞蹈中的細節以及舞姿，我覺得無足輕重，甚至沒有任何關係，我所強調的只是透過舞蹈形成優雅的舉止。

很多人都會覺得音樂和舞蹈是有關係的。因為一個擅長樂器的人，必定會獲得很多人的喜愛。但是一個年輕人為了學習一點關於音樂方面的技能，通常會花費很多時間，而且常常和一些怪裡怪氣的朋友在一起，因此有很多人覺得，這樣的朋友還是不與之交往更好一些。在那些德才兼備且整天忙於工作的人裡面，我幾乎沒有聽說誰是由於具有音樂才能而獲得他人讚賞或尊敬的。所以我覺得，所有應該具備的素養的排名中，音樂應該居於末端。人生短暫，不可能讓我們把所有的事物都學會，並且我們的內心也無法一直專心於所學的事情。人體生理的特點決定了需要我們一定要經常放鬆，只要是擅長應對生活各個方面的人，都需要把生活中一大部分時間都用在娛樂上。起碼不能禁止年輕人進行娛樂的權利，除非你想急急忙忙的讓他們快點老去，或者你想把他們送到墳墓裡，或者背離自己的意願，讓他們早早享受第二個童年（這裡指老年人的生活就像小孩子一樣，也需要人照顧。）。因此，我覺得，他們應該把時間以及勤奮花在可以幫助他們提升自己的事情上面，他們應該從事一些收益大且成績令人欣喜的工作上，並選用最簡單、最便捷的方法進行學習；可能就像我之前所說的那樣，輪流進行身與心的各項練習，將此當作一種娛樂，這是教育之中最基本的竅門。我認為，一個可以認真觀察學生氣質和性情的穩健之人，一定可以做到這一點。這是由於一個人無論是學習學得

疲憊了，還是跳舞跳得疲倦了，都不想倒頭就睡，而是希望換一換口味，做一些能夠讓自己高興的事。然而一定要謹記，但凡做起來沒有絲毫樂趣之事，就不可歸入娛樂行列。

　　人們把擊劍和騎馬這兩項運動視為紳士必須具備的組成部分，所以如果不提及的話，恐怕會被視為重大過失。大多數會騎馬的人都來自一些大的城鎮，因為城市相對來說更為舒適和奢華，所以騎馬被認為是一項最有助於身體健康的運動。也就是說，一旦年輕的紳士在城市居住期間，他是非常適合騎馬的。除此之外，透過學習騎馬，年輕人可以在馬背上表現出剛毅自信以及優雅飄逸的氣質，透過掌握讓馬做出止步、急轉彎以及臥倒這些動作的技能，對紳士來說，不管是和平時期還是戰爭時期都是非常有益處的。佃是騎馬到底是否真的這樣重要，是否值得被當成一項工作，是否值得把除了保持健康之外的其餘時間都耗費在這件事情之上，我認為可以把這個問題留給父母以及老師商榷決定。父母和老師最好應該明白，在所有的教育工作裡，絕大多數的時間以及努力都應該被消耗於年輕人的日常生活當中，以及所遇之事情中後果最明顯或者最頻繁發生的事情上。

　　至於擊劍這項運動，我認為這是一項對身體健康非常有益的運動，但是會為生命帶來危險。但凡對自己的劍術充滿信心的人，都願意跟那些自以為懂得用劍的人爭辯。這樣的想法讓他們在關乎個人聲譽的場所，或是因為受到打擊而沒人理睬之時，經常表現得過於急躁。年輕人氣血方剛，他們覺得如果不能在決鬥中展現一下自身具備的才能和勇氣，那麼擊劍就相當

於白學了，這樣看的話，他們好像也有自己的原因。然而就是因為這樣的原因，不知造成了多少的悲劇，很多母親流下的悲傷的淚水就能證明。不會擊劍之人會非常小心謹慎的避免與莽夫、賭徒共處一處。他不僅不會於細枝末節上與其糾結不止，也不會在當著眾人的情況下羞辱他人，或者是在衝撞了他人之後還蠻不講理，一般情況下這些就是造成爭端的主要原因。當一個人來到決鬥場上，依靠他自身那點平庸的劍術，與其說是保護自身不遭遇傷害，倒不如說是把自身展現在敵人的劍鋒之下。確實，一個英勇卻完全不懂得擊劍之人，當然會竭盡全力一次向敵人刺殺過去，而且不會躲避，與一個同樣庸碌的擊劍家進行比試的話，他也許會占到便宜，如果他善於撲擊，那麼他占的便宜就更大。因此，假如能夠採取某種方法防範這種意外的發生，或者如果一個人打算讓他的孩子參加決鬥，那麼我甘願我的孩子是一個優秀的撲擊手，而非一個平庸的擊劍家。紳士頂多可以變成一個一般的擊劍家，除非他常常去擊劍學校學習，並持續不斷的進行訓練。但是，既然擊劍和騎馬這兩項運動被視為紳士教養中必不可少的技能，那麼要讓紳士徹底擺脫這樣的特色自然是十分困難的。因此我準備把這個問題留給已經為人父母者去思考，根據孩子實際具有的氣質以及想要獲得的地位進行考慮，是否同意或者鼓勵孩子順應潮流。這樣的決鬥所引起來的風氣，對普通民眾的生活幾乎沒什麼影響，即使是最喜歡決鬥的民族，之前也是不了解這件事情的，由此看來，受這種風氣薰陶之人的力量和膽量也是沒有任何的增長。除非我們覺得在決鬥時使用的出劍方法，能夠讓人們的軍事才

能或者英勇的精神有所增加，否則我覺得在未來世界決鬥終將消失。

前面談到的所有看法，就是目前我對學習以及學業成就的真實看法。培養教養和理性是所有工作之中最重要的職責，就和有句拉丁成語所講的一樣：「智慧所在，理性所在。」你應該教育孩子，讓他學會控制自身的脾氣，並讓他願意順從理性的教育。只要做到了這一點，再經過不斷的訓練使之變成習慣之後，上述職責中最艱難的部分就完成了。我覺得，如果要想讓年輕人做到這一點，可以盡量抓住他們喜歡接受讚賞的心理，使之發揮強大的作用，而其他所有事物所發揮的作用都將黯然失色，因此應該想盡所有辦法，將這種喜歡受到讚賞的心理灌輸到年輕人的心靈之中。你應該竭盡所能讓他們內心感受到讚賞和恥辱，只要把這點做到了，你就相當於在他的心中樹立了牢固的原則。當你不在他周圍的時候，這原則仍然能夠影響到他的言行舉止，其產生的效果絕對不是教鞭造成的恐懼效果可以相提並論的，那才是真正適合孩子的。

三、技能的教育及其他作用

（一）技能教育的作用

還有一件事，我想在這裡說明一下，不過一旦說出來，有

可能會惹禍上身，因為有人也許會認為我得意忘形，信口胡說，忘記了我此前所討論的關於教育的議題全都是圍繞著如何培養一個紳士來展開的，與技能完全不相關。在這裡我不得不強調一下，我希望一個紳士一定要有技能傍身，要學習一門手工的技藝，甚至不只是一種，兩到三種更好，不過要以其中一種為主。

孩子都是淘氣頑皮的，這種性格雖然有時候看起來可愛，但更多的時候需要隨時隨地的教育指導，讓他們所做的事情都會對自身有好處，而這樣做也的確有它的優點：

第一個優點：透過不斷的實踐、不斷的練習而獲得的技巧本來就是值得學習並且必須掌握的。這種手工技巧不僅融匯於各類語言以及學生在學校所學習的各門功課中，而且貫穿於繪畫、切削、園藝、淬火和冶煉等各行各業中，而所有的技藝都是需要學習並掌握的。

第二個優點：練習本身對孩子的健康來說也是必不可少或者說有百利而無一害，這是不容置疑的。對年幼的孩子來說，有些知識是一定要了解學會的，儘管學習某一類知識跟促進身體健康是毫不相干的，但還是應該要求他們在這些事情上多花費些時間，以求得進步。就好像讀書寫字或一些其他為了淨化心靈而進行的學習，這是從年幼時就要開始做的功課，而且需要耗費大量的時間去完成。

至於其他的手工技藝，大都是從勞動中獲得的，必須要透過勞動去不斷練習；其中大部分的手工勞動不僅能在練習中增進我們身體的靈敏性，還能鍛鍊我們的技能技巧，而且對我們

的身體健康也有好處，特別是需要室外作業的事情更是如此。
因此，在這些事情上，健康與進步可以相輔相成、同步進行，
那些以讀書、學習為主要工作重心的人，應選擇一些自己感興
趣且適合自己的技藝作為消遣娛樂。而在選擇的時候，也一定
要顧及這個人的年齡與性格的特點，不管到了什麼時候，都不
能勉強行事。因為強硬的命令與冷酷的暴力通常只會引發反感
的情緒和反抗的欲望，而不會醫治人們憎惡的心情；對於強加
於人的事情，不管對象是誰，一旦有了反抗機會，一定會急於
脫身、避之不及 —— 如果是這樣的話，那他不但無法獲得任
何益處，更是沒有絲毫的娛樂消遣作用。

（二）兒童應該學習的技能

　　在各式各樣擁有不同技能的人才中，如果不是因為對繪畫
有那麼一、兩種不容反駁的反對意見，那我肯定是最喜歡畫家
的。那究竟是什麼樣的反對意見呢？

　　首先，粗鄙的繪畫乃是世界上最糟糕的東西之一；而且要
想擁有差強人意的繪畫技巧，又需要花大量的時間去練習。如
果恰巧他具有很強的繪畫天賦，那麼他就很容易忽視掉其他更
多有用的、更有價值的學問；如果他不具備這方面的天賦，還
浪費了很多時間、努力與金錢，我覺得是不值得的。此外，我
之所以不喜繪畫，還有另外一個理由，那就是，繪畫是一種安
靜且相對靜止的娛樂消遣，勞心多於勞力。一個紳士通常大
部分的工作都是安靜的學習，學到疲憊需要放鬆、恢復精力之
時，就應該活動活動身體，讓緊張的精神得到放鬆，以確保身

體的健康與充沛的精力。基於上述兩個理由，我並不贊成學習繪畫這項技能。

　　其次，為那些居住在鄉村的紳士考慮，我建議考慮學習下面兩種技藝的其中一項，當然，最完美的就是兩種都要學習；一種是園藝，另一種則是木工，如同木匠、綱木匠或切削工匠之類的工作，這些工作相對於一個整日學習或者忙得不可開交的人來說是一項合適又對身體有好處的娛樂方式。因為人的精力不能長期的專注在同一件事情或堅持使用同一種方式上，此外，對於久坐或好學的人來說，適當的運動鍛鍊，使注意力分散開來，得到消遣，同時又放鬆了身體，那是再好也不過的。而對於一個鄉村紳士來說，沒有人比他們更方便的去學習園藝與木工，也沒有人比他們更適合學習這兩種技藝了；木工可以在天氣欠佳、不適合戶外運動以及季節不合適的時候、甚至是完全不可以從事園藝活動的時候，為他提供另一種消遣運動的選擇。此外，他學會園藝的技能之後，就可以管理並帶領園丁們學會木工，能親自設計並動手製造出許多既有趣又實用的東西來，雖然這並不是讓他們學習園藝的初衷，只當作一種吸引他在學習之餘去勞動的手段；而我的目的則是透過健康的、適度的體力鍛鍊，來讓他從緊張疲勞的思想和工作中能夠獲得片刻的休閒和消遣。

　　古代的成功人士通常很擅長運用體力勞動作為槓桿來調節對國家大事操勞的緊張疲憊感，他們覺得利用體力勞動來作為處理國家大事之後的娛樂消遣，絲毫不會對自己的尊嚴造成損害。他們閒暇時的娛樂方式似乎是在田地裡打發時間。猶

太人中的基甸翁和羅馬人中的星星內塔斯都是在打穀或者犁田時被國家召喚去指揮軍隊、抗戰殺敵的；很明顯，他們是善於使用連枷和犁耙的，可以說是得心應手，甚至稱得上種莊稼的能手，可是這些閒暇的勞作並未阻礙他們統領軍隊，也沒讓他們的軍事與領導才能蒙塵。他們不但是偉大的將才與優秀的政治家，也是高尚的農民。老加圖（Marcus Porcius Cato）在羅馬共和政府擔任過各種類型的高階職務，名聲顯赫，但是他也曾親手留下了證據，告訴我們，他對於鄉村的事務也是了熟於胸的；我還記得，塞拉斯也同樣認為園藝勞動並不會對自己作為皇帝的尊嚴造成損害，所以他曾經將自己親自栽種的一片果林指給塞諾封看。如果一定要列舉幾個宣導健康娛樂的事例，那麼在古代的史料記載中，這一類的例子在猶太人與其他國家的歷史上還真是數不勝數。

（三）怎樣看待娛樂消遣

　　當我將上述提到的所有選項或其他相似的技藝練習稱為消遣或者放鬆時，請不要認為我犯了錯誤；因為娛樂與懶惰是兩種不同的概念，娛樂只是暫時的放下手中的工作，讓疲憊的的身體得到舒緩；凡是覺得消遣並不是辛勤勞作的人，他可能是忘記了獵人的早出晚歸、馬背的顛簸、大汗淋漓和飢寒交迫的種種艱難，只是錯誤的把打獵當作歷史上偉大人物所慣用的娛樂方式。人們只要是喜歡，挖土、栽種、接木，以及諸如此類對身體有好處的工作，也可以成為一種勝過許多無聊遊戲的娛樂消遣方式；任何人在某一個領域內，一旦培養了習慣，熟悉

了各種竅門，便會迅速愛上它。我相信很多人是因為受到朋友的邀請，不好意思拒絕，才總是去打牌或者玩其他的遊戲，與生活中任何其他有用的事情相比，他們都會對那種娛樂方式感到更為厭煩，雖然他們的本性並不是厭惡那種遊戲，有時他們只是想當作消遣來玩一玩。

遊戲，原本是地位較高的人，特別是有錢人家的小姐太太們願意花費大量時間去做的事情。我認為這是一個再明顯不過的例子，它充分說明了人類並非飽食終日，尸位素餐；他們總是要找些事情來打發時間；不然的話他們又怎麼能夠連續坐上好幾個小時，毫無怨言不辭辛苦的去做那些煩惱多於快樂的事情呢？其中的道理淺顯易懂 —— 嗜賭成性的人總是在事後後悔和省悟，懂得這樣一個道理 —— 賭博並不會為自己留下任何快感，也不會讓身心得到更好的發展，至於說到這些人的財產，如果過於重視這一點，也許賭博就真的成了他們謀生的手段，而非放鬆消遣的方式了，有幾個人所獲得的財富是靠著賭博贏來的呢？即使一個賭徒真的靠著賭博發家，也不過是做了一樁可憐又可笑的買賣而已。他用犧牲自己名譽的代價，換得了一時的富貴。凡是無所事事，不能全身心投入到工作職位上，終日不務正業且絲毫不會感到疲憊的人，是不會獲得真正的放鬆和快樂的。在這裡，我們需要了解的技巧就是，在安排娛樂消遣活動的時候，應該讓人們身上緊張的肌肉鬆弛下來，讓操勞過度、疲乏的身體得到放鬆，並找回工作前的活力，讓自己充滿能量，與此同時，還應該做這樣一些事情 —— 不但能夠獲得眼前的歡快時光，讓自己又舒適又安閒，還可在未來

藉此獲益。只是由於那種眼高於頂的自負心理和炫耀財富的虛榮心作怪，才導致毫無益處甚至是危險的「娛樂」成了人們眼中的時尚，並讓人們錯誤的認為學習或是參加任何有益的事情都不應該成為消遣的方式的。這就是社會上流行打牌、聚賭、酗酒的主要原因；很多人將大量的休息時間都浪費在這些事情上，只是由於順應了老一輩的習俗、缺少正確的娛樂消遣觀念，但他們並不是真的以為其中藏了什麼令人快樂的東西。他們沒有辦法承受閒暇時間帶給自己的沉重負擔，無法化解無事可做的無聊心情；同時他們也沒有曾學習過任何值得人們稱道的手藝，這樣就使自己無法獲得放鬆和消遣，於是只能無奈的求助於各種愚蠢的或者無益的方式，只是為了消磨時間。而一個有智慧的人，在他還沒有被老一輩的習俗洗腦之前，這些方式是無法帶給他們絲毫快樂的。

（四）兒童能夠學些什麼手藝

我說這話並不是說我不贊成讓一個年輕的紳士獲得跟同齡人以及身處同一境遇的青年人相同的權利 —— 去玩那些時下流行且沒有壞處的遊戲或消遣取樂。我是非常不願意看見他們被憂愁所籠罩、整天愁雲慘霧的，我寧可讓他也熱中於參加朋友們的各種狂歡和消遣，凡是朋友們願意讓他去做的事請，只要符合他的身分且誠信善良，他都不應該太過反感或者生氣。雖然打牌、擲骰都屬於賭博，而且我覺得擺脫其危害最有效也是最理智的方法就是根本不讓他們去接觸此類遊戲，進而讓那些危險遊戲的誘惑性降到最低，這也可以讓他的有用時間不

會被浪費。 —— 但是，在閒暇的時間聊聊天，開開玩笑，還有其他時下流行且健康有益的娛樂方式，都是應該允許他們去參與的；我常說，現代年輕人在忙碌之餘、在正經工作之餘，是有充足的時間去學習一些手藝的。很多人之所以還沒有一技之長，主要原因還是缺少一種執著的態度和努力的行動，而不是因為沒有空餘時間；一個人只要每天抽出一個小時並將其用在這項消遣上，堅持天天如此，那麼短時間內就能夠獲得較大的進步，甚至遠遠超出他的預想。這種辦法就算是沒有別的什麼好處，只要可以將萬惡無用且非常危險的消遣剔除於時尚以外，讓人們了解它們並非生活的必需品，就足以使我們願意大力提倡。如果人們從年輕的時候就能摒棄掉那種閒散懶惰的習慣，不會因為習俗的牽絆，將其生命的大部分時間都浪費在既沒有絲毫用處、又毫無娛樂性的事情上面。那麼，他們就有大把的時間從成千上百種的技能中掌握技巧，展露出自己的才能。即使這些技藝他們的職業風馬牛不相及，也絕對不會成為他們事業的絆腳石。由於這個關鍵的理由以及前面敘述的種種原因，我認為閒散懶惰、飽食終日，依靠做夢來虛度光陰的性格乃是最不可取且不可放任自流的，也是最不應該出現在年輕人身上的。這是某些疾病的前期症狀，它說明一個人的健康系統被打亂了，無論這種情況出現在哪個年齡階段的人身上，無論這種情況出現在什麼身分的人身上，一旦發現這種病症，我們都不可以置之不理。

除了前面所提到的多種技能以外，還可以選擇的技能包括薰香、油漆、雕刻以及製作鐵器、銅器、銀器有關的工作；如

果他能夠跟大多數年輕紳士一樣，大部分時間都是在規模較大的城鎮裡度過，那麼他們還可以在此基礎上增加刻字、拋光、鑲嵌寶石或打磨光學玻璃等各種技能的學習。在如此種類齊全的精巧技藝之中，一定可以找到至少一種自己喜愛的技能，除非他特別懶散，毫不用心，但這是正確教育方式下絕對不可能發生的事情。既然他不可能做到一天從早到晚不間斷的學習、讀書與談話，那麼除了運動所必須的時間之外，他一定還會有很多閒置時間，如果不這樣度過，他也會透過一些有害無益的方法去消磨掉這些時間。因此我可以下一個定論，一個健康的年輕人不可能完全坐著不運動，不可能什麼都不想做；如果他真的萌生了這種念頭，那也是一種必須及時糾正的錯誤。

（五）關於兒童旅行的意見

教育的終點一般都是旅行。人們通常認為，旅行過後便功德圓滿，一個紳士也將就此誕生。我承認，國外旅行對於打開兒童的眼界、增加知識面頗為有益，然而在選擇年輕人出國旅行的時間的這方面看來，這種好處並沒有發揮出很重要的作用。旅行的好處我們主要可以歸納為兩點：首先是語言，其次是透過旅行可以更仔細的觀察和了解到脾氣秉性、風俗習慣以及生活方式上跟我們完全不同的人們是什麼樣的，尤其是與那些跟自己完全不在一個地區的人們進行互動，向他們學習如何增進智慧及提升持重能力。但是人們一般安排孩子旅行大約都是在他們 16 ～ 21 歲之間，而那個階段正是年輕人們人生中最不容易獲得進步的時候，我認為學習外國的語言，包括學習他

國語言的正確發音，第一個重要時機應該是從 7 歲到 14 或 16 歲這個階段，在此期間孩子們有老師的陪伴，這是非常有好處的，老師還可以在日常生活中創造出國外的語言環境，然後使用外語向他教授相關知識。但是當他們意識逐漸成熟，自以為已經完全長大了的階段，是非常排斥家人和老師的管束的，然而他們的心智與社會經驗又不足以讓他們管束好自己，這時讓他們突然接受一個陌生人的帶領，並且遠離父母的視線，這豈不是在他們最需要保護和教育的時候 —— 也是自衛能力最為薄弱的時候，被我們推向了人生旅途中可能遭遇的最大危險面前嗎？在那個令人惴惴不安的階段到來之前，我們可以盼望著老師享有某種絕對的權威；在他們在十五、六歲之前，還沒到那個執拗頑抗的年齡，與此同時，別人的引誘或者榜樣也不會讓他們脫離老師的指導；可是一過了這個年齡以後，影響他的因素便會隨之增加，他可以在與成人的交往及相處中獲得安慰，並覺得自己也變成一個成熟的大人了；而對於許多可惡的事情，他也開始接觸、喜歡和自誇了，並且在內心覺得如果再受家人們和老師的管束就是一件屈辱的事情，那時候的監管者也缺少了強迫學生服從的力量，而學生也同樣沒有聽命於他的意思，與此相反，他受年輕的衝動力與時髦風尚的引導，聽從那些與自己頭腦一樣簡單的同伴的勾引，而非老師的勸誡，在他們眼裡，老師已然成為了阻擋他們釋放天性自由的仇敵，在這種情形之下，即使他的監管者極其謹慎、處世圓滑，可又有什麼作用呢？一個人還有什麼時候會像這個既粗暴，又難以駕馭的階段一樣，更容易誤入歧途呢？這個階段是他一生中最應

該由父母及朋友進行監管和約束的。人生在此之前，可塑性極強，尚未變得頑抗執拗，所以也是很容易被管束的；而一旦過了這個階段，理智與眼界開始迅速發展，會讓人留心自身的安全防範與其他方面的長進了。因此我提出的建議是，一個年輕紳士出國旅行的最佳時間是在年紀較輕，並可以接受老師管束的時候；或是年歲稍長，已經遠離老師的時候；到那時他已經是可以約束好自己的成年人，在外國看見了值得留意的事物，會留心觀察，待他歸國後，國外的所見所聞，對他也是大有裨益的；此外，在同一個時期，他完全了解並熟悉本國的法律、風俗以及本國固有道德的利弊優劣，這樣就讓他有了和國外人士交流的素材，而從與他們的交談中也可以獲得他所希望獲得的知識。

許多的年輕紳士在從國外旅行回來之後並沒有得到什麼好處，也沒有獲得很大的進步，我認為主要原因就是沒有按照上述的辦法加以安排的緣故。如果說他們真的帶回了一些路上遇見的風土人情和一些國外的知識，也不過只是他們在國外所見到的最糟糕最沒有價值的事物的愚蠢讚美而已；保留在他們內心記憶中的只不過是在其自由的翅膀首次扇動之後所喜歡去尋覓的事物，而不是返程後可以讓自己變得更聰明、更好的東西。本來選擇在這個年齡出國旅行，就是必須依靠別人的照顧，由他人代替他們自己準備好一切所需物品，代替他們去用心觀察，所以除了得到這種結果外，根本不會有什麼別的指望。他們有了教師這個護盾，用這個當作自己無為的藉口，認為自己根本不必承擔任何責任，對自己的任何行為也不會進行

自我檢討，也很少會親自動手去探究或者觀察一些有益的事情。他們的思想和行動所追求的不過是簡單的遊戲與快樂，認為這是不被約束的表現；他們極少會麻煩自己，去面對生活中所遇到的人們的想法進行考察、對他們說的話進行觀察，然後再從手段、氣質、性向等角度進行深入思考，從而知道自己應該如何應對他們。此處，陪同他們旅行的人應該給予他們最大程度的保護；一旦他們陷入危難，要及時幫助他們擺脫困境，對於他們的所有不良行為，也應該採取措施。

我承認，識人是一種重要的技巧，不能過早的期望一個年輕人能夠迅速準確的掌握這種技巧。然而，如果國外旅行如果不能使他拓寬眼界，不能使他保護自己的安全，不能使他習慣於探究外表之下的邪惡，不能使他在親切自然的言談舉止中瀟灑自如的與林林總總的陌生人交往，同時又不會失去別人的好評，那麼，這種出國旅行的意義就不大了。一個人如果到了成人的年齡，具有成人的思維模式，希望自己在出國旅行中可以有所長進，那麼無論他走到哪裡、到哪個城市旅遊，都可以大大方方的與當地的成功人士親切交談，彼此交往熟悉；這樣的話，雖然一個紳士能夠從旅行中得到好處，但是我還是要問，像我們這種由老師帶隊出門旅行的年輕人們，他們能有幾個有能力去拜會當地的上流人士呢？又怎能與成功人士攀談、互動，從和他們的談話中去學習屬於他們國家的良好教養，觀察其中有哪種值得遵循執行之物，這些顯然就更談不到了。要知道，與這種人士的一席談話，會讓一個年輕人「勝讀十年書」。本來這也是不稀奇的，因為那些有身分地位的人是不會輕易與

需要老師照顧的孩子們熱絡起來的，然而一個具有相當風度和氣質的年輕紳士以及異鄉客人，如果迫切的想要了解當地的風俗、禮儀、法度、政治，他可以隨時隨地得到最優秀、最具有才能之人的無私幫助與熱情款待；他們對於一個熱情好問的外國人總是願意誠心接待、鼓勵，並顯得平易近人的。

　　這種道理無論怎樣實用，都敵不過傳統的觀念，這就只能讓他們被迫在自己人生中的最不合適的階段去完成旅行計畫，而且著眼點也並不是看重於他們的任何長進；這是我最擔心的，要想改變這種沿襲已久的風俗是很難的。少男不能在 8 歲或 10 歲的階段冒險出國，因為害怕稚嫩的孩子會遇上危險 —— 雖然那時候的危險並沒有 16 歲或 18 歲的時候多，甚至連十分之一的危險都沒有。當然他也不能一直留在國內，靜靜的等待那個危險執拗的階段過去，因為他必須保證在 21 歲的時候回國，結婚生子、傳宗接代。當父親心急如焚的要瓜分遺產，做母親的也迫不及待的要再生個孩子作為她的玩物時，孩子也會有樣學樣，不論處於什麼樣的境地，只要一到年齡，便要找個合適的太太。雖然考慮到他的健康、才幹或是為了後代子孫著想，推遲結婚並沒有太大的實質性傷害；但他最好在年齡與學問方面都比自己的孩子要多一些，因為孩子如果發現他們與父親的年齡差距太過接近的話，就會讓父子雙方都感到很尷尬。

結束語

結束語

　　我對於教育所秉承的諸多理念以及提出的解決方案，到目前為止可以告一段落了，但是我並不希望大家把我的這些文章當成是一篇關於教育題材的論文。教育上需要思考和討論的事情還遠不只這些；特別是當你需要去考慮到兒童的不同特質、思想傾向、過失要去對症下藥的時候，更是如此。事情確實有著複雜的本質，需要一本厚厚的書才能寫完；甚至一本書都是不夠的。每個人的心理就像每個人的樣貌一樣各有特色，這也是區分人與人之間不同的地方；我們根本不能用同一種教育方法去教育兩個不同特點的兒童，這是難以實現的。此外，我覺得一個尊貴的王子、一個富足的權貴，以及一個普通鄉紳子弟，其教養方式也是參差不齊的。但是我在這裡所提出的觀點只是針對教育的主要結果和目的，提出一些僅供參考的意見，這些討論和議題原是為一位紳士的兒子量身訂製的，那個時候這位紳士的兒子年齡尚小，我只把他看成是一塊未經雕琢的璞玉或是一張沒有寫字或塗色的白紙，可以隨心所欲的刻劃或雕琢成流行的樣式；我在前面所提到的很多事情幾乎都是發生在這位年輕紳士身上的。現在我決定將這些突然而至的想法告訴大家，同時懷著些許心願 —— 這本小冊子雖然無法跟一篇完美的教育論文相媲美，也無法讓每個人從書中恰好找到屬於自己孩子的教育方法，不過我只希望這本小冊子能在精神上給予那些疼惜自己孩子的人多一些啟示，讓他們在教育子女的問題上擁有勇氣和智慧，遵循自己的理智，冒一些風險，不要完全遵照古老的習俗。

三、技能的教育及其他作用

官網

國家圖書館出版品預行編目資料

約翰‧洛克論後天教育：身體健康、品德高尚、
待人有禮、學識淵博，英國最著名哲學家的教育
思想 / [英]約翰‧洛克（John Locke）著，關
明孚 譯 . -- 第一版 . -- 臺北市：崧燁文化事業有
限公司 , 2023.01
面；　公分
POD 版
譯自：Some thoughts concerning education.
ISBN 978-626-332-921-8(平裝)
1.CST: 洛克 (Locke, John, 1632-1704) 2.CST:
學術思想 3.CST: 教育哲學
520.148　111018750

約翰‧洛克論後天教育：身體健康、品德高尚、待人有禮、學識淵博，英國最著名哲學家的教育思想

臉書

作　　　者：[英] 約翰‧洛克（John Locke）

翻　　　譯：關明孚

發 行 人：黃振庭

出 版 者：崧燁文化事業有限公司

發 行 者：崧燁文化事業有限公司

E-mail：sonbookservice@gmail.com

粉 絲 頁：https://www.facebook.com/sonbookss/

網　　　址：https://sonbook.net/

地　　　址：台北市中正區重慶南路一段六十一號八樓 815 室

Rm. 815, 8F., No.61, Sec. 1, Chongqing S. Rd., Zhongzheng Dist., Taipei City 100, Taiwan

電　　　話：(02)2370-3310　　傳　　　真：(02) 2388-1990

印　　　刷：京峯彩色印刷有限公司（京峰數位）

律師顧問：廣華律師事務所 張珮琦律師

-版權聲明

本書版權為出版策劃人：孔寧所有授權崧博出版事業有限公司獨家發行電
子書及繁體書繁體字版。若有其他相關權利及授權需求請與本公司聯繫。
未經書面許可，不可複製、發行。

定　　　價：280 元

發行日期：2023 年 01 月第一版

◎本書以 POD 印製